Recettes de Provence

280 recettes rassemblées et servies par

René Husson
et
Philippe Galmiche

Illustrations : Christiane Galmiche

Fleurines

L'éditeur remercie particulièrement SULPICE pour l'impression du tissu de couverture de ce livre qui provient de la création « Terre de Provence ».

Dans la même collection

La Provence à table
Les 13 desserts en Provence
Recettes d'un Mas provençal
Recettes en Auvergne
Recettes en Lorraine

Cinquième édition

Philippe Galmiche
Lou Camp Dautibet
12400 Saint-Affrique
Tél : 05 65 49 15 14

ISBN : 2-912690-05-6

Ce livre a été imprimé sur papier vergé
en France par SEPEC, 01960 Péronnas
Dépôt légal mai 2005

PRÉFACE

Avec ce livre de Recettes mettez en marche vos cinq sens. C'est tous les jours possible et trois fois du lever au coucher du soleil. La Provence ne rime pas seulement avec vacances.

Où que vous soyez. Le rêve devient réalité, de l'assiette à notre palais, avec les saveurs, les couleurs, les odeurs.
Gourmandise ? Pas seulement, Santé d'abord.
Du corps, de l'esprit, du cœur, de l'âme aussi.
Tout l'être peut exulter avec ces Recettes de Provence.

Le thym et la lavande, les lumières et les ombres d'un mas, le vent dans les platanes et les tchi-tchi des cigales, les fruits aux goûts exquis, l'huile d'olive, les marchés du samedi.
Joyeuse fête.

Craquez pour ces recettes de Provence. A un moment où la cuisine Méditerranéenne et tout ce que les pourtours de notre mer peuvent apporter de bienfaits pour notre santé.

Les amandes, les coings, l'ail, les olives, les anchois, les concombres, le chèvre chaud et la tomate, le taboulé de petit épeautre, le fenouil et les pois chiches, le poivron et le riz, toutes les soupes du midi, les artichauts, aubergines, courgettes, persillade, les laits de chèvre et fromages de brebis, les oignons, asperges, une bonne bouillabaisse et l'aïoli, raisins, guignolet, ratatouille, gardianne de mouton ou de taureau de Camargue... tous sont merveilleusement mariés par l'auteur.

Un chirurgien qui sait que se bien nourrir c'est le meilleur gage de notre santé.

Le Professeur Henri Joyeux
Chirurgien des Hôpitaux et du Centre Régional
de Lutte contre le Cancer du Languedoc Roussillon – France

AVANT-PROPOS

Soucieux de ne pas lasser notre lecteur au fil des recettes par des informations répétitives ou déjà connues, nous les avons regroupées dans cet avant-propos.

Tomates, herbes de Provence, petit salé

Préparation des tomates

La peau de la tomate crue ou cuite peut être indigeste, pour l'éliminer, ébouillantez la tomate quelques secondes, plongez-la dans l'eau froide et retirez la peau avec la pointe d'un couteau.

Lorsque les tomates sont à cuire, vous pouvez retirer la peau en cours ou après cuisson. Elle s'est détachée. Cette technique a l'avantage d'être plus rapide que l'ébouillantage et renforce le goût de tomate à la cuisson.

Préparation de l'ail

Lorsque l'ail n'est pas utilisé « en chemise », il doit être débarrassé de son germe central ce qui atténue son amertume. En vinaigrette, il est préférable de le couper très finement et de le laisser s'imprégner de vinaigre avant de mettre l'huile.

Herbes de Provence

Les herbes de Provence sont plus aromatisantes et bienfaisantes fraîches. Si vous n'avez pas de jardin, vous pouvez acheter des plants de thym, romarin, basilic... en petits pots. Ils égayeront votre balcon ou votre terrasse avant de parfumer votre cuisine. A défaut d'herbes fraîches, utilisez des herbes congelées ou séchées. Les herbes de Provence permettent de cuisiner moins salé.

Petit salé

Le petit salé est de la poitrine de porc salée, nature ou aromatisée.

Produits du terroir

Huile d'olive

Les bienfaits de l'huile d'olive pour la santé ne sont plus à démontrer. Une bonne huile d'olive est fruitée, parfumée, douce sans acidité. Elle est plus digeste qu'une huile classique et demande moins de quantité pour un meilleur résultat.

Fromage de chèvre

Également excellent produit de la terre de Provence lorsqu'il s'agit du chèvre fermier. Il répond à un cahier des charges précis. Il est élaboré par un producteur agricole, avec le lait produit et transformé sur son exploitation selon des techniques traditionnelles.

Matériel de cuisine

Tian

Le tian dénomme le contenant, à l'origine un plat en terre, mais également son contenu.

Cuisson au four

Lorsque vous enfournez une cocotte couverte, par exemple pour le très parfumé poulet aux 40 gousses d'ail, assurez-vous que le couvercle ne contienne pas de plastique.
Avant d'engager la cuisson, il faut toujours préchauffer votre four en fonction de l'intensité indiquée dans la recette.

Marinade

Utilisez des récipients qui supportent le vin et le vinaigre, évitez impérativement l'aluminium.

Amandes grillées pour servir le pastis

Amelo roustido pèr lou pastis

Amandes douces et grises avec la peau
Sel, cayenne

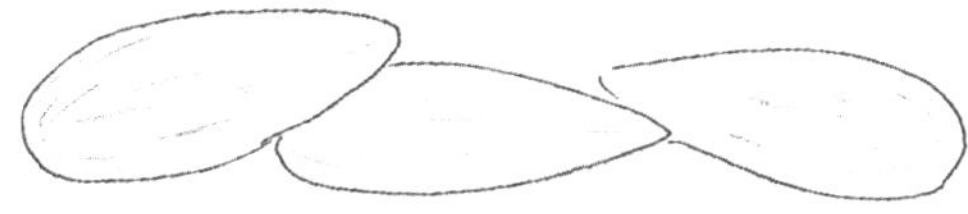

Dans un saladier, mélanger les amandes avec du sel et de la cayenne, les disposer sur une plaque à four en couche plane. Griller les amandes à four très chaud.

Sortir les amandes dès qu'elles chantent, au bout de 3 minutes environ.

Pendant la cuisson, laissez la porte d'entrée ouverte pour les invités, débranchez le téléphone, arrêtez le poste de télévision et laissez-vous captiver par les amandes en train de griller !

Anne Daguin et Hermann Van Beeck, Fabricants de douceurs
Le Petit Duc, Saint-Rémy-de-Provence

Apéritif aux cubes de coings

Aperitiéu au coudounat

3 coings
1 litre de bon vin rouge ou de rosé de Provence

Peler les coings et les couper en cubes, laisser macérer pendant 2 jours dans le vin.

Aiguise l'appétit et prépare une bonne digestion avec plaisir !

Mamie Germaine, Arboricultrice Mas Louis Chaine,
Les Paluds de Noves

Feuilleté à la poutargue

Fuita de poutargo

Pâte feuilletée
1 jambe de poutargue
(œufs de mulet, chez votre poissonnier)
1 jaune d'œuf

Étaler la pâte feuilletée, la piquer avec les dents d'une fourchette et tailler des bandes de 5 centimètres de largeur.
Garnir une bande avec des tranches de poutargue en laissant une marge d'un demi centimètre de chaque côté.
Humidifier les marges au pinceau.
Recouvrir avec la deuxième bande en pinçant les bords, passer le jaune d'œuf au pinceau pour la dorure.
Ensuite découper l'ensemble en morceaux échelonnés de 1 à 1,5 centimètres sur toute la longueur.

Mettre à four chaud pendant 10 minutes.

Les néophytes en redemandent toujours : « Qu'est-ce, mais c'est trop bon ! »
La poutargue ou caviar de Martigues, se déguste aussi coupée en tranches avec du pain frais ou agrémente salades vertes et pâtes « al dente ».

Feuilleté de melet

Fuita de melet

Même recette que pour la poutargue.

Le melet se savoure également sur des croûtons frottés à l'ail :
Préparer une pommade en mélangeant le melet et quelques gouttes d'huile d'olive, tartiner chaque croûton de pommade.

Passer à four chaud 7 à 8 minutes.

Le melet est un alevin d'anchois mûri avec une préparation de sel, de poivre et de fenouil.

Cette préparation est essentiellement faite à Martigues.

Vincent Rico, Poissonnier, Martigues

Lactaires délicieux en apéritif

Pignen pèr l'aperitiéu

Environ 500 g de lactaires délicieux
3 gousses d'ail
1 branchette de thym
1 pincée de sarriette
1 verre de vinaigre
75 cl d'huile d'olive
Sel, poivre

Choisir de jeunes lactaires, bien les nettoyer en les essuyant à sec, s'il reste de la terre, les passer rapidement sous l'eau et les essuyer.
Les disposer par couches dans un bocal.
Couvrir d'huile d'olive et de vinaigre.
Couper l'ail en petits morceaux pour qu'il infuse bien, le mettre dans le bocal, ajouter le thym, la sarriette ciselée, le sel et le poivre, fermer le bocal.

Attendre environ 10 jours avant de vous délecter.

N'oubliez pas de vous réserver ces délicieux champignons avant de les présenter car vos invités ne laisseront rien !

Robert Chassillan, Ferme-Auberge Les Esfourniaux, Lagarde d'Apt

Olives cassées

Óulivo cachado

500 g d'olives vertes
100 g de gros sel
Quelques feuilles de laurier
Deux belles branches de fenouil
Une poignée de graines de coriandre
Morceaux d'écorce d'orange séchés

Sélectionner les olives bien vertes à la peau bien lisse. Avec un marteau en bois, fendiller les olives jusqu'au noyau sans les écraser.
Les mettre dans un récipient et les couvrir d'eau froide.
Renouveler l'eau tous les jours pendant 10 jours.
Au bout des 10 jours, égoutter les olives et les disposer en bocaux.
Porter à ébullition 1 litre d'eau avec le laurier, le fenouil, les graines de coriandre, l'écorce d'orange et le sel.
Bien remuer pour dissoudre le sel et laisser bouillir 5 minutes.
Laisser refroidir cette saumure aromatisée et la verser sur les olives.

Patienter encore 10 jours avant de consommer.

Pour les amateurs de cette petite amertume si agréable en cuisine.

Pain à la provençale

Lou quichet

Pour 5 personnes

5 tranches de mie de pain
1 petit pot d'anchoïade
2 œufs
Huile d'olive

Couvrir les tranches de pain d'anchoïade, battre les œufs dans un saladier et les verser dans une assiette plate.
Tremper les tranches de pain dans les œufs battus.
Les disposer dans un plat à four et verser un filet d'huile sur chaque tranche.
Faire cuire à four très chaud 10 minutes.

On a toujours besoin d'anchoïade chez soi pour une mise en bouche ou un casse-croûte express et appétissant !

Pain à l'anchois

Pan à l'anchouiado

1 pain entier rassis
Quelques anchois salés

Vinaigrette

1 cuillerée à soupe de vinaigre
3 cuillerées à soupe d'huile d'olive
1 gousse d'ail écrasée
Sel, poivre

Couper des tartines de 2 centimètres d'épaisseur.
Laver les anchois, les dessaler dans de l'eau fraîche.
Les essuyer, retirer les arêtes avec la queue, les piler.
Préparer la vinaigrette et la mélanger avec les anchois pilés pour en faire une purée bien homogène.
Étendre ce mélange sur les morceaux de pain en appuyant fortement afin de bien le faire pénétrer dans le pain.
Passer à four très chaud environ 10 minutes, jusqu'à ce que les tranches de pain soient bien dorées.

Un pain qui réveille les papilles !

Annie Laurent, Manade Mas les Marquises, Salin de Giraud

Cake aux olives

Coco is óulivo

250 g de farine
4 œufs
150 g d'olives dénoyautées
200 g de jambon
150 g de lardons
150 g de fromage râpé
1 paquet de levure
1 verre de vin blanc
1 verre d'huile d'olive
Poivre

Bien mélanger la farine avec la levure, puis ajouter les œufs, le vin blanc et l'huile d'olive.
Tourner jusqu'à l'obtention d'une pâte homogène.
Ajouter progressivement le jambon et les lardons coupés en dés, les olives coupées en rondelles, le poivre et le fromage râpé. Verser le mélange dans un moule à cake préalablement beurré. Mettre à four chaud pendant une heure environ.

Démouler à la sortie du four.

En entrée mais aussi idéal, servi bien frais, en apéritif lorsque vos invités ont répondu nombreux à l'appel. Préparez-en d'avance, il supporte très bien la congélation.

Chèvre chaud à la tomate

Cabro caud à la poumo d'amour

Pour 2 personnes

2 petits chèvres
2 tomates
2 belles tranches de pain
Huile d'olive
Sel, poivre

Ouvrir la tomate en deux, la vider, la poser sur le pain et l'assaisonner, mettre un petit chèvre sur la tomate.

Verser un filet d'huile d'olive, faire griller 2 à 5 minutes.

Pour le plaisir de l'œil, ajoutez une demie olive verte sur chaque chèvre.

Éleveurs Caprins d'Alpes Provence, Manosque

Chèvre chaud au basilic

Cabro caud au balicot

Pour 2 personnes

2 fromages de chèvre demi sec
1 salade verte
1 citron
1 petit bouquet de basilic
2 toasts
Huile d'olive
Sel, poivre

Piler le basilic et faire une pommade fluide avec l'huile d'olive, la laisser macérer environ une heure.
Préparer une assiette de salade, la vinaigrer avec le jus du citron, l'huile d'olive, sel et poivre.
Griller le fromage sur un toast et le napper de pommade.

Servir avec la salade.

Le toast, tranche de pain rôtie, est d'origine provençale, comme l'atteste son nom provençal : Toastas !

Éleveurs Caprins d'Alpes Provence, Manosque

Concombre à la tapenade

Councoumbre à la tapenado

1 Concombre long
Tapenade

Laver et éplucher le concombre, le couper en deux dans le sens de la longueur.
Retirer les graines de la partie centrale, la remplir de tapenade.
Couper en morceaux de cinq centimètres.

Un accompagnement croquant, vitaminé et rafraîchissant pour l'apéritif ou les entrées.

Petite entrée provençale

Pichoto intrado

Pour 4 personnes

8 tomates
4 filets d'anchois
4 gousses d'ail
Un filet d'huile d'olive

Couper les tomates en rondelles, disposer simplement dessus les filets d'anchois et saupoudrer d'ail frotté sur la pointe des dents d'une fourchette.
Arroser d'huile d'olive.

C'est prêt !

Christian Richeda, Ferme-Auberge Le Vieux Pressoir, Aubagne

Crème de chèvre

Cremo de cabro

Pour 10 à 12 personnes

1 kg de caillé de chèvre (égoutté 10 heures)
3 belles gousses d'ail
3 citrons
1 bouquet de basilic à petites feuilles
1 cuillerée à café de muscade
1 demi verre d'huile d'olive
Sel, poivre

Presser les citrons et filtrer le jus. Mélanger le caillé bien égoutté, le jus de citron, l'huile d'olive, l'ail pilé, le basilic ciselé, la muscade, le sel et le poivre.
Goûter et rectifier éventuellement l'assaisonnement.
Répartir la crème dans les coupes seulement 3 minutes avant de servir, pour éviter que le petit lait ne ressorte.
Décorer avec un cœur de basilic frais.

A savourer avec une tartine grillée au feu de bois et une tranche de jambon de pays fumé.

La crème de chèvre est également utilisée pour la farce des petits farcis (voir recette des courgettes rondes, poivrons et fenouils en petits farcis).

Ingrid et Gianni Ladu, Ferme-Auberge Le Castellas, Sivergues

Feuilleté au chèvre

Fuieta de cabro

Pâte feuilletée
1 jaune d'œuf
Petits fromages de chèvre
Thym, romarin
Lait
Huile d'olive

Avec la pâte feuilletée, faire des carrés deux fois plus grand que les fromages.
Verser un filet d'huile d'olive au milieu de chaque carré, puis ajouter le fromage et les herbes de Provence.
Replier, souder la pâte avec un peu de lait, et la badigeonner avec le jaune battu.
Dorer au four 15 minutes environ.

Servir ce feuilleté aux saveurs naturelles avec une salade frisée !

Jeanine Chabran, Domaine « L'Oustau des Lecques »,
Vacqueyras

Fromage râpé façon « parmesan »

Gratusado de fromage à la parmesano

Prendre une tomme de brebis ou de chèvre sèche, la réduire en poudre en utilisant les plus petits trous de la râpe à fromage.
Se conserve au réfrigérateur, il peut également être congelé.

Rehausse les innombrables plats saupoudrés de fromage râpé : Aigo boulido, aubergines farcies à la tomate, bohémienne, petits légumes farcis, courgettes au riz, flan à la tomate, tourte au veau et au taureau...

Ingrid et Gianni Ladu, Ferme-Auberge Le Castellas, Sivergues

Lactaires délicieux au four

Pignen au four

Lactaires délicieux
1 gousse d'ail
1 bouquet de persil
Huile d'olive
Sel, poivre

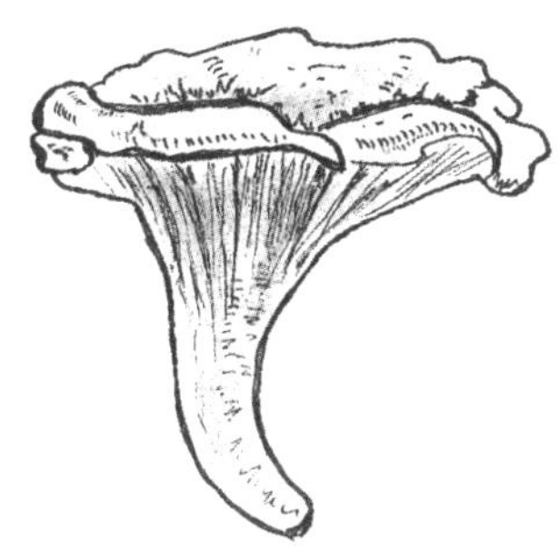

Choisir des lactaires bien fermes, les nettoyer en les essuyant à sec, s'il reste de la terre, les passer rapidement sous l'eau et les essuyer.
Couper les pieds et les réserver pour une autre recette par exemple une omelette aux champignons.
Saler, poivrer les lactaires et les ranger dans un plat à tarte.
Verser de l'huile d'olive dans le creux des chapeaux et les saupoudrer d'ail et de persil.

Passer au four en surveillant la cuisson, la contrôler avec la pointe d'un couteau car elle est très rapide.

Le lactaire délicieux le bien nommé !

Robert Chassillan, Ferme-Auberge Les Esfourniaux,
Lagarde d'Apt

Pan bagna

Pour 4 personnes

4 pains ronds
2 tomates fermes
1 poivron vert
4 radis
2 œufs durs
12 filets d'anchois
16 olives noires
1 gousse d'ail
1 petit oignon
1 citron
Huile d'olive
Sel

Couper les tomates, les radis et l'oignon en fines rondelles.
Écaler les œufs durs et les couper en rondelles.
Détailler le poivron vert en lanières.
Dénoyauter les olives et les couper en rondelles.
Dessaler les filets d'anchois.
Couper le pain en deux, retirer la mie de pain centrale de chaque demi pain.
Frotter avec la gousse d'ail et imbiber d'huile d'olive l'intérieur de chaque demi pain, saler très légèrement.
Tapisser le demi pain de base avec les rondelles de tomate, ajouter pêle-mêle les lanières de poivron, les rondelles de radis, d'oignon, d'œufs, d'olives et terminer en croisant les filets d'anchois au sommet.
Arroser le tout d'un filet de citron et d'huile d'olive.
Assembler les demis pains.

Prêt pour le pique-nique !

Taboulé de petit épeautre

Taboulé d'espèuto

Pour 4 personnes

200 g de petit épeautre
4 tomates
1 concombre
1 poivron rouge
1 poivron vert
4 citrons
1 branche de menthe fraîche
5 cuillerées à soupe d'huile d'olive
Sel, poivre

Porter un litre d'eau salée et poivrée à ébullition, verser le petit épeautre et laisser cuire pendant 30 minutes environ en remuant de temps en temps.
Hors du feu, laisser gonfler 10 minutes dans l'eau de cuisson. Égoutter, laisser refroidir.
Verser le jus des citrons sur l'épeautre, ciseler les feuilles de menthe, couper en petits dés les tomates, le concombre et les poivrons.

Les mélanger à l'épeautre avec l'huile d'olive, le sel et le poivre.

Plat fraîcheur plein de minéraux, de vitamines et même de protéines à préparer d'avance et à réserver quelques heures au réfrigérateur.

Bernard Bonnefoy, producteur de petit épeautre
Le Seigneur, Sault

Aïoli

Aiòli

Pour 6 personnes

1 demi-litre d'huile d'olive
2 jaunes d'œuf
6 gousses d'ail
1 citron
1 cuillerée à soupe de vinaigre
Sel, poivre

Piler l'ail dans un mortier jusqu'à l'obtention d'une pommade épaisse.
Mélanger la pommade d'ail, les jaunes d'œuf et le vinaigre, puis verser l'huile d'olive à petit filet sans cesser de tourner régulièrement, la sauce doit rester bien lisse, saler et poivrer.
Terminer par un filet de jus de citron.

Cette sauce typiquement provençale accompagne la garniture d'aïoli, la salade de pois chiches, la bourride, la rouille à la camarguaise, le lapin à la broche...

Anchoïade

Anchouiado

Pour 4 personnes

400 g d'anchois salés
2 gousses d'ail
1 citron
1 verre d'huile d'olive
Poivre

Laver les anchois et les dessaler dans de l'eau fraîche, lever les filets en retirant l'arête centrale.
Mettre les filets et l'ail écrasé dans une casserole, chauffer doucement et tourner tout en ajoutant peu à peu l'huile d'olive. Les anchois fondent et donnent une sauce consistante.
Saler si besoin, poivrer et arroser d'un filet de citron.

L'anchoïade peut accompagner tous les plats chauds ou froids, s'incorporer dans les plats à base d'aubergines. Elle est très appréciée en apéritif ou en entrée avec des légumes crus, par exemple les branches de céleris, le chou-fleur, les carottes, coupés en dés ou bâtonnets.

Coulis de tomates cru

5 tomates Saint-Pierre de préférence
4 gousses d'ail
1 demi citron
Huile d'olive
Gros sel

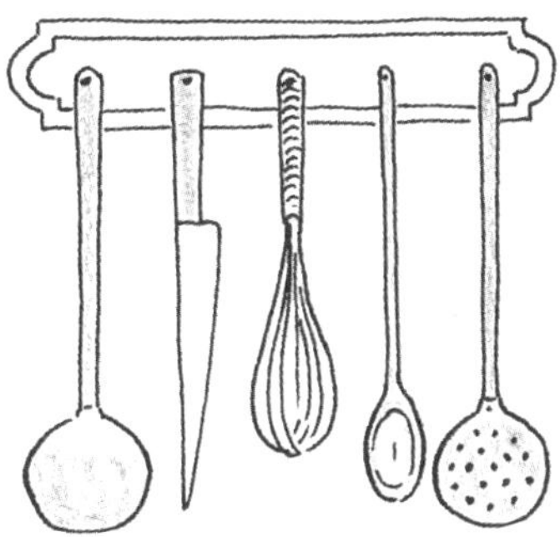

Peler les tomates de préférence à la flamme, les couper en morceaux, les épépiner et les piler dans un mortier.
Frotter les gousses d'ail sur les dents d'une fourchette au dessus du jus de citron, incorporer l'ail et le jus de citron aux tomates pilées.
Arroser d'un filet d'huile d'olive, saler et remuer l'ensemble.
Placer au réfrigérateur au moins une heure.

Reverser un filet d'huile d'olive au moment de servir.

Ce coulis sera encore plus exceptionnel en incorporant des feuilles de basilic ciselées dans les tomates pilées.
Le coulis de tomate cru apporte une qualité gustative et diététique incomparable, les senteurs, les vitamines, les polyphénols et micronutriments restent intacts. Ce coulis se conserve 5 jours au réfrigérateur (3 à 4 °) et n'est réalisable qu'en saisons de tomates de pleine terre. Se sert frais avec le papeton d'aubergines, les aubergines en caton, les ravioles à la brousse, les spaghettis...

Erick Vedel, Maître Cuisinier Provençal, Arles

Coulis de tomates cuit

Coulis de poumo d'amour

2 kg de tomates mûres
400 g d'oignons
4 gousses d'ail
1 petit bouquet de basilic
2 feuilles de laurier
2 branches de thym
1 bouquet de persil
1 cuillerée à café de sucre en poudre
Huile d'olive
Sel, poivre

Hacher finement le persil et faire une persillade avec l'ail écrasé, peler les tomates, les épépiner et les concasser.
Faire revenir les oignons émincés à l'huile d'olive, lorsqu'ils commencent à blondir ajouter les tomates et la persillade.
Mélanger pendant 2 à 3 minutes puis incorporer le thym effeuillé, le laurier, la moitié du basilic ciselé et le sucre.
Saler et poivrer.

Faire cuire une bonne heure à feu doux, ajouter le reste de basilic en fin de cuisson.

Garder votre coulis tel quel pour servir de garniture ou de lit (voir recette des sardines provençales) ou le mouliner pour l'utiliser en sauce (voir recette de la courge spaghetti...).

Ce coulis supporte très bien la congélation, profitez en pour faire de grosses quantités à répartir dans plusieurs récipients. Faites votre coulis l'été pour toute l'année, on a toujours besoin de coulis chez soi !

La rouille

La rouio

<u>Pour 6 personnes</u>

6 gousses d'ail
1 jaune d'œuf
1 piment oiseau
1 pincée de safran
Sel

Mettre les gousses d'ail préalablement écrasées dans un mortier avec du sel fin et les piler de façon à faire une pommade. Ajouter le piment, une pincée de safran pour colorer et un jaune d'œuf.

Monter le tout comme une mayonnaise.

La rouille accompagne de nombreux plats comme bien sûr la bouillabaisse de poisson, le poulet en bouillabaisse, la bouillabaisse d'épinards, les soupes.

Christian Richeda, Ferme-Auberge Le Vieux Pressoir, Aubagne

Sauce tomate ail-basilic

Sausso de poumo d'amour aiet-balicot

1 kg de tomates
1 tête d'ail
2 oignons
1 petit bouquet de basilic
Sel, poivre

Faire revenir les tomates avec les oignons, saler, poivrer, ajouter l'ail pilé et le basilic haché.

Passer le tout au mixeur pour en faire une purée.

Servir très frais sur un crespeù ou sur des pains de légumes.

Maryse et Ghislaine Jean, Ferme-Auberge « L'Houmet », Monteux

Saussoun

200 g d'amandes ou de noix en poudre
75 g d'anchois au sel
Huile d'olive

Dessaler les anchois en les passant sous un filet d'eau sans les faire tremper.

Piler les anchois puis les mélanger intimement aux amandes en poudre.

Délayer petit à petit avec un petit filet d'huile d'olive et une cuillerée d'eau, la sauce doit rester assez épaisse.

Tartiner sur des tranches de pain.

Cette préparation met déjà l'eau à la bouche, mais vous pouvez encore renforcer son arôme avec un brin de fenouil et quelques feuilles de menthe écrasées.

Mirèio Barême, La Clapouiro Maîtresse d'œuvre du Félibrige,
Saint-Martin-de-Crau

Tapenade

Tapenado

4 filets d'anchois au sel
1 kg d'olives noires confites à la grecque
2 cuillerées à soupe de câpres
1 gousse d'ail
1 demi citron
Huile d'olive

Lever les filets d'anchois, les mettre à chauffer dans une poêle avec de l'huile d'olive, bien remuer avec une fourchette pour les faire fondre.
Hors du feu, incorporer la gousse d'ail écrasée, reporter sur le feu 30 secondes et réserver la purée d'anchois.
Dénoyauter les olives, les placer dans un mixeur, tourner 3 fois 4 secondes pour les réduire en morceaux.
Tremper les olives concassées dans l'eau une demi-heure en changeant l'eau 7 fois, afin d'éliminer le sel et l'amertume.
Égoutter dans une passoire, et remettre dans le mixeur avec les câpres, la purée d'anchois, quatre cuillerées d'huile d'olive et le jus de citron.

Faire tourner le mixeur 4 ou 5 fois pendant 1 minute.

La tapenade doit son nom aux câpres, tapeno en provençal.
Elle se savoure en apéritif à la cuillère, sur des tranches de pain grillées, en feuilleté ou en accompagnement par exemple dans les recettes de concombre à la tapenade, consommé glacé à la tomate... Elle se conserve 15 jours au réfrigérateur.

Erick Vedel pour le moulin à huile Saint-Michel,
Vallée des Baux, Mouriès

Salade de fèves fraîches

Salado de favo

2 kg de fèves fraîches (600 g dérobées)
1 échalote
1 bouquet de basilic
1 brin de sarriette
Fromage râpé
Vinaigre
Huile d'olive
Sel, poivre

Écosser les fèves, les verser dans de l'eau légèrement salée avec le brin de sarriette, porter à ébullition et laisser cuire 5 minutes, égoutter et laisser refroidir.
Dérober chaque fève (retirer la peau) en les pinçant entre le pouce et l'index.
Préparer la vinaigrette à l'échalote.
Mélanger la sauce, les fèves et le basilic ciselé dans un saladier.
Saupoudrer de fromage râpé.

Cette salade vitaminée et fort riche en minéraux se sert tiède ou froide.
Salade de fèves, jolie, jolie, jolie, tu plais...

Salade de fenouils aux œufs durs

Salade de fenoun is ioù dur

<u>Pour 4 personnes</u>

2 beaux fenouils
2 œufs durs
1 bouquet de persil
Vinaigrette
Sel, poivre

Coupez les fenouils en 4 et émincez chaque quart en fines lamelles.
Faites cuire les œufs durs 10 minutes.
Écalez-les et coupez-les en quartiers.
Dans un saladier, mettez les lamelles de fenouils, les œufs en morceaux, la vinaigrette.
Assaisonnez, parsemez de persil haché.
Mélangez le tout et servez.

Une salade rafraîchissante à l'accent du midi !

Francine et Paul Lanteri, Maraîchers Le Père Eternel, Hyères

Salade de pois chiches

Salado de pese pounchu

<u>Pour 6 à 8 personnes</u>

500 g de pois chiches cuits
3 tomates
1 cœur de céleri branche
1 cœur de laitue
1 botte de radis
4 œufs durs
220 g de thon à l'huile en miettes
12 filets d'anchois
150 g d'olives noires
1 gousse d'ail
2 oignons
4 cuillerées à soupe de fines herbes fraîches (estragon, ciboulette, cerfeuil, persil)
5 cuillerées à soupe d'huile d'olive
3 cuillerées à soupe de vinaigre
1 bol de mayonnaise ou d'aïoli
Sel, poivre

Hachez finement l'oignon, le cœur de céleri, et les herbes, bien mélanger avec l'ail écrasé, l'huile et le vinaigre. Salez et poivrez.
Rincez les pois chiches, coupez les radis en rondelles.
Regroupez la vinaigrette avec les pois chiches, les radis, les olives et le thon.
Mélangez et laissez macérer 30 minutes en remuant de temps en temps.
Coupez les œufs durs en quartiers, les tomates en quatre et la laitue en chiffonnade.
Répartissez la laitue au fond d'un saladier, versez dessus le mélange et décorez avec les œufs, les tomates et les anchois.

Servez la mayonnaise à part.

Fraîche et riche, cette salade est une idée de plat unique pour un déjeuner d'été.

Producteurs de pois chiches du Poulagnier, Rougiers

Salade de haricots verts au thon

Salado de faioù baneto au toun

Pour 6 personnes

1,5 kg de gros haricots verts de pays mange-tout ou phénix
1 boite de thon au naturel
1 oignon doux
2 cuillerées à soupe de vinaigre balsamique
2 cuillerées à soupe d'huile d'olive
Sel, poivre

Porter à ébullition 3 litres d'eau salée, verser les haricots effilés et cuire à gros bouillons pendant 15 à 20 minutes à découvert.
Les mettre à égoutter dans une passoire.
Peler et couper l'oignon en fines rondelles.
Mélanger dans un saladier l'huile d'olive, le vinaigre, l'oignon, sel et poivre.
Ajouter les haricots verts tièdes et tourner.
Égoutter le thon et bien l'émietter, le verser dans le saladier.
Tourner doucement pour ne pas casser les haricots.

Cette salade est simple, pratique, rafraîchissante et goûteuse.

Sylviane et René Roussel, Maraîchers, Graveson-en-Provence

Salade de petit épeautre

Salado d'espèuto

Pour 4 personnes

200 g de petit épeautre
1 petite boite de thon à l'huile
3 œufs durs
4 anchois
2 tomates
1 poivron rouge
1 poivron vert
1 salade verte
1 oignon
Vinaigrette
Sel, poivre

Faire cuire le petit épeautre dans un litre d'eau bouillante salée et poivrée pendant 30 minutes, en remuant de temps en temps.
Hors du feu, laisser gonfler 10 minutes dans l'eau de cuisson. Égoutter et laisser refroidir.
Couper tous les légumes en petits morceaux.
Dans un saladier, mélanger le petit épeautre avec les légumes. Décorer avec les œufs durs et les anchois.
Assaisonner avec la vinaigrette.

Vous pouvez varier en fonction de vos goûts et de la saison (betteraves rouges, cornichons, câpres, crevettes, fromage, concombre, endives, champignons de Paris...).

Salade exceptionnellement riche en phosphore, potassium et magnésium et très bonne à manger !

Bernard Bonnefoy, producteur de petit épeautre Le Seigneur, Sault

Salade de riz camarguais

Salado de ris camargo

Pour 4 personnes

250 g de riz de Camargue
4 tomates
2 poivrons rouges
3 oignons
1 boite de filets d'anchois
50 g d'olives vertes
50 g d'olives noires
1 branche de thym
1 feuille de laurier
Sauce vinaigrette
Sel, poivre

Porter à ébullition 2 litres d'eau salée, verser le riz, le thym, le laurier, et un oignon coupé, laisser cuire à petits bouillons 25 à 30 minutes.
Rincer le riz à l'eau froide, et le laisser égoutter.
Retirer les aromates.
Couper les poivrons en lanières et les tomates pelées et épépinées en petits cubes.
Couper les oignons restants en rondelles, réserver quelques rondelles pour la décoration.
Mélanger le riz, l'oignon, les légumes et les olives dans un saladier.
Préparer une vinaigrette bien relevée, la verser dans le saladier et tourner l'ensemble.
Décorer avec les rondelles d'oignons et les filets d'anchois.

Riz cuit et légumes crus pour rester jeune très longtemps !

Robert Bon, Bongran Rizerie du Petit Manusclat, Le Sambuc

Aigo boulido

Pour 4 personnes

6 gousses d'ail
1 feuille de laurier
1 branche de sauge
4 tranches de pain grillé
50 g de fromage râpé
Huile d'olive
Sel, poivre

Amener à ébullition un litre d'eau salée et poivrée, ajouter l'ail écrasé, le laurier, 2 cuillerées d'huile d'olive et laisser bouillir 10 minutes.

Ajouter la sauge en fin de cuisson.

Disposer dans les assiettes les tranches de pain grillé, les arroser d'un filet d'huile d'olive et les saupoudrer de fromage râpé.

Passer le bouillon au chinois.

Le servir très chaud sur le pain.

Ce bouillon traditionnel de lendemain de fête est des plus simples à préparer, très digeste et reconstituant grâce à l'ail et à la sauge.

Les lendemains de fête « Aigo boulido sauvo la vido ».

Baiana du médecin

Bajano dóu mege

Pour 4 personnes

240 g de lentilles
240 g de petit épeautre
4 carottes
1 branche de céleri
1 poireau
1 oignon
Vinaigre
Huile d'olive
Sel, poivre

Couper le poireau en lamelles, couper les carottes en 4 dans le sens de la longueur.
Mettre les légumes, lentilles et petit épeautre dans un faitout. Saler et poivrer.
Faire bouillir 45 minutes.
Passer l'ensemble et réserver le bouillon.
Servir les légumes froids en salade avec une sauce vinaigrette.
Ailler des tranches de pain rassis ou grillé et les disposer dans chaque assiette.

Verser le bouillon très chaud sur les tranches de pain.

La baiana, spécialité du Vaucluse, allie les bienfaits des légumes secs et des légumes frais, le bouillon est utilisé en soupe. Cette baiana énergétique est riche en protéines, en magnésium, phosphore et calcium.
De quoi mériter son nom !

Josette Morard, Ferme-Auberge La Grange de Papé, Caromb

Consommé glacé à la tomate

Bouioun glaça à la poumo d'amour

Pour 6 personnes

1 kg de tomates
2 gousses d'ail
Tapenade
1 petit bouquet de cerfeuil
6 tranches de pain grillé
1 tranche de pain rassis
3 cuillerées à soupe de vinaigre
10 cl de bouillon de volaille
10 cl d'huile d'olive
Sel, poivre

Peler les tomates sans les épépiner pour renforcer leur goût. Mixer les tomates, l'ail écrasé, le pain rassis, l'huile, le vinaigre, le bouillon, le sel et le poivre jusqu'à l'obtention d'une purée homogène.
Passer au chinois et verser dans une soupière, rajouter un demi-litre d'eau.
Mettre au réfrigérateur au moins 3 heures.
Griller les tranches de pain, les tartiner de tapenade.

Au moment de servir, poser les toasts de tapenade sur la soupe, et les décorer avec un peu de cerfeuil ciselé.

Velouté rafraîchissant et reconstituant très demandé à la table de Véronique.

Véronique Astruc-Marin, Table et Chambres d'Hôtes
Le Dégoutaud, Malaucène

Velouté de tomates au basilic

Velouta de poumo d'amour au balicot

Pour 4 personnes

35 cl de coulis de tomate
70 cl de lait
1 grosse poignée de basilic frais
1 cuillerée de crème fraîche épaisse
Sel, poivre

Mélanger le coulis, le lait, le basilic ciselé et la crème dans une casserole.
Saler, poivrer.
Chauffer à feu doux, la réussite du velouté dépend de sa cuisson, il ne doit jamais bouillir.

Surveiller la cuisson en goûtant régulièrement.

En plus du goût, le basilic détend et favorise la digestion.

Nadine et Tjebbe Zijlstra, restaurateurs La Gousse d'Ail,
Saint-Rémy-de-Provence

Soupe à la tomate

Soupo de poumo d'amour

Pour 4 personnes

500 g de tomates
1 carotte
1 blanc de poireau
2 gousses d'ail
2 oignons
1 bouquet de basilic
Huile d'olive
Sel, poivre

Peler les tomates, les épépiner et les couper en morceaux. Faire revenir dans l'huile les oignons et le blanc de poireau finement émincés.
Lorsqu'ils commencent à blondir ajouter l'ail écrasé, la carotte en rondelles, la tomate, le sel et le poivre.
Remuer quelques minutes.
Recouvrir avec 1 litre d'eau, ajouter le basilic ciselé et cuire 30 minutes à découvert.
Passer la soupe au moulin à légumes.

Verser dans les assiettes et garnir avec des feuilles de basilic.

Soupe, velouté ou consommé de tomates nos papilles ne s'en lassent pas !

Soupe à l'oignon

Soupo de cebo

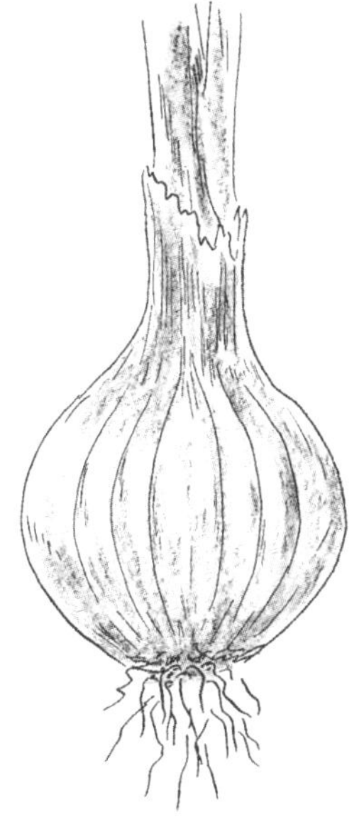

<u>Pour 4 personnes</u>

4 gros oignons
25 g farine
4 tranches de pain grillé
100 g de fromage râpé
Huile d'olive
Sel, poivre

Faire revenir les oignons émincés dans l'huile d'olive, lorsqu'ils sont bien dorés, saupoudrer la farine et continuer à tourner quelques minutes.
Couvrir avec 1 litre et demi d'eau, saler et poivrer.
Porter à ébullition pendant 15 minutes.
Disposer le pain grillé dans les assiettes, le saupoudrer de fromage râpé et arroser d'un filet d'huile d'olive.
Verser la soupe dans les assiettes.

La passer au chinois à la demande.

Moins efficace que l'aigo boulido mais plus goûteuse pour les lendemains « difficiles à digérer ».

Soupe à l'oseille

Soupo d'eigreto

Pour 6 personnes

400 g d'oseille
4 pommes de terre
2 œufs
6 tranches de pain grillé
1 verre de lait
Huile d'olive
Sel, poivre

Équeuter l'oseille et la couper en lamelles, la faire fondre dans une casserole avec l'huile d'olive.
Verser deux litres d'eau froide dans la casserole, ajouter les pommes de terre coupées en quartier, assaisonner.
Porter à ébullition et laisser cuire 20 minutes.
Casser les œufs dans une soupière, les battre en omelette avec le lait.
Écraser les pommes de terre à la fourchette et verser le tout dans la soupière.
Disposer les tranches de pain grillé dans les assiettes.
Servir très chaud.

L'oseille donne une pointe d'acidité compensée par les pommes de terre et l'œuf.

« La soupe à l'oseille avec ses œufs et ses pommes de terre... humm... »

Soupe au pistou

Soupo au pistou

Pour 6 personnes

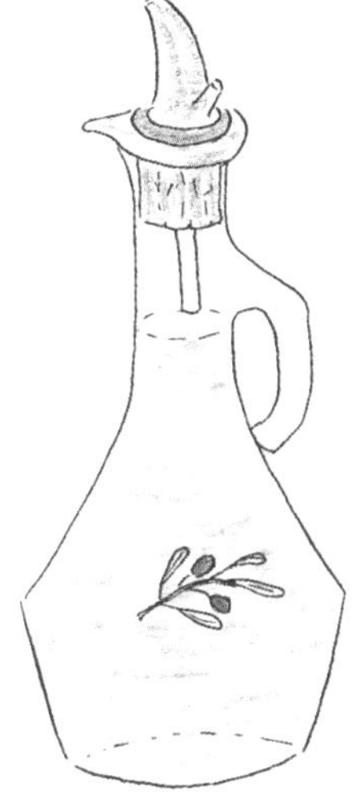

200 g de haricots rouges
200 g de haricots blancs
125 g de haricots verts
125 g de haricots plats
2 pommes de terre
2 carottes
1 courgette moyenne
1 tomate
1 petit oignon
Une petite poignée de macaronis
Sel, poivre

Sauce

1 demi verre d'huile d'olive
4 gousses d'ail
1 petite branche de basilic par personne
100 g de fromage râpé
Sel

Jeter les légumes découpés en petits morceaux dans une grande marmite, saler et poivrer, recouvrir d'eau.
Porter à ébullition puis laisser à feu doux une heure environ en surveillant, ajouter les macaronis 15 minutes avant la fin de cuisson.
A part, piler l'ail avec les tiges de basilic, ajouter l'huile d'olive en tournant doucement, puis le fromage et le sel pour obtenir une pommade.
L'alléger avec un peu de bouillon chaud et la verser dans la marmite en remuant hors du feu.

Servir avec un pichet d'huile d'olive sur la table et du fromage râpé.

Comment ne pas aimer cette soupe traditionnelle très riche et très aromatisée !

Mireille Grangier, Ferme « Le Mas de Mireio », Le Thor

Soupe de fèves

Soupo de favo

1,5 kg de fèves fraîches
2 pommes de terre moyennes
100 g de poitrine salée en petits lardons
1 gousse d'ail
2 beaux oignons frais
1 feuille de laurier
1 branche de thym
Huile d'olive
Sel, poivre

Écossez les fèves, retirez la peau des grosses fèves uniquement : blanchissez-les 2 minutes et dérobez-les (retirer la peau blanche).
Coupez les pommes de terre en dés de la même grosseur que les fèves.
Dans une cocotte, faites rissoler doucement la poitrine salée, puis les oignons émincés dans l'huile d'olive.
Dès coloration, ajoutez les fèves écossées et les pommes de terre. Remuez.
Recouvrez largement d'eau, ajoutez le sel, le poivre, le thym émietté, le laurier, et l'ail écrasé.
Faites cuire à feu moyen et à demi couvert pendant 40 minutes. Ajoutez de l'eau si elle s'évapore trop vite.
Servez très chaud.

Une soupe royale ! Surtout ne commettez pas de crime de lèse-majesté en la mixant !

Francine et Paul Lanteri, Maraîchers Le Père Eternel, Hyères

Soupe de petit épeautre

Soupo d'espèuto

Pour 6 personnes

500 g de petit épeautre
8 carottes
2 poireaux
1 branche de céleri
1 morceau de viande
agneau, porc ou bœuf
3 couennes
Sel, poivre

La veille

Faire gonfler le petit épeautre dans 4 fois son volume d'eau.

Le jour même

Le mettre à cuire à feu doux avec la viande et les couennes dans de l'eau bouillante, salée et poivrée.
Faire cuire 2 heures.
Une heure avant de servir, ajouter les légumes coupés en bâtonnets dans la marmite et poursuivre la cuisson.

Servir la marmite complète.

On peut cuire également les légumes entiers avec des pommes de terre et servir d'abord la soupe, puis les légumes avec la viande.
Cette soupe traditionnelle du pays de Sault est à redécouvrir. Très revigorante, elle était préparée lors des froides journées d'hiver pratiquement dans chaque foyer.
Cuite à la cheminée, c'est un régal. Elle est recommandée pour les convalescents.
Elle peut cuire très longtemps mais toujours à feu doux, plus elle cuit plus elle devient gélatineuse.

Bernard Bonnefoy, Producteur de Petit Epeautre Le Seigneur, Sault

Soupe paysanne

Soupo païsano

Pour 6 personnes

6 carottes
1 petit chou
3 courgettes
4 navets
4 pommes de terre
1 poireau
100 g de petit salé
2 gousses d'ail
1 oignon
6 tranches de pain grillé
Huile d'olive
Sel, poivre

Couper les carottes en petits dés ainsi que les navets et les pommes de terre.
Faire revenir dans l'huile le petit salé coupé en lardons, l'oignon et le blanc de poireau finement émincés.
Lorsqu'ils commencent à blondir ajouter l'ail écrasé, les carottes, le chou émincé, les courgettes, les navets, les pommes de terre, le vert des poireaux, le sel et le poivre.
Couvrir hermétiquement et laisser fondre les légumes à feu doux.
Recouvrir les légumes d'eau et porter à ébullition pendant 30 minutes.
Disposer les tranches de pain grillé dans les assiettes.
Les arroser d'un filet d'huile d'olive.

La soupe la plus simple et la plus consistante pour les longues soirées d'hiver.

Soupe de poissons

Soupo de pèis

Pour 5 personnes

1 kg de poissons de roche (girelles, rascasses, serran...)
2 poireaux
3 à 4 tomates
2 gousses d'ail
1 oignon
1 brin de fenouil
1 feuille de laurier
1 zeste d'orange
Filaments de safran
Huile d'olive
Sel, poivre
Pâtes spéciales « soupe de poisson »

Faire revenir les poireaux et l'oignon émincés dans l'huile, ajouter les tomates hachées.
Baisser le feu et laisser cuire encore une à deux minutes.
Ajouter l'ail écrasé, le fenouil, le laurier, le zeste d'orange, assaisonner et mouiller avec un litre et demi d'eau.
Plonger les poissons nettoyés dans ce bouillon, porter à ébullition et laisser cuire 15 minutes.
Écraser le tout dans une passoire pour bien récupérer le jus.
Remettre sur le feu et parfumer avec le safran.

Ajouter les pâtes et lorsqu'elles sont « al dente » servir chaud.

Reine Bonnet, La Clapouiro, Mouriès

Soupe de poissons de Mireille

Soupo de pèis de Mirèio

Faire revenir les poissons avec l'oignon, les poireaux et la tomate, bien remuer jusqu'à l'obtention d'une pommade, ajouter le reste des ingrédients et continuer comme précédemment.

Plus simple et autant appréciée que la bouillabaisse !

Mirèio Barême, La Clapouiro
Maîtresse d'œuvre du Félibrige, Saint-Martin-de-Crau

Soupe provençale

Soupo prouvençalo

Pour 6 personnes

500 g de pommes de terre
500 g de tomates
2 oignons
2 gousses d'ail
1 petit bouquet de basilic
6 tranches de pain grillé
Huile d'olive
Sel, poivre

Peler les tomates, les épépiner et les couper en gros dés. Faire revenir dans l'huile les oignons émincés, lorsqu'ils commencent à blondir ajouter l'ail écrasé, les pommes de terre coupées en gros dés, les tomates, le sel et le poivre.
Tourner l'ensemble et le couvrir d'eau.
Porter à ébullition, baisser le feu et mettre la moitié du basilic ciselé. Cuire doucement pendant au moins 2 heures, plus elle cuit, meilleure elle est.
En fin de cuisson, ajouter le reste de basilic.

Disposer les tranches de pain grillé dans les assiettes et les arroser d'un filet d'huile d'olive.

La soupe ça requinque et ça fait grandir les enfants !

Artichauts à la barigoule

Cachofle à la barigoulo

Pour 6 personnes

6 artichauts
2 carottes
250 g de champignons
8 tranches fines et longues de petit salé
2 gousses d'ail
2 oignons
1 bouquet de persil
1 branche de thym
2 verres de vin blanc
Huile d'olive
Sel, poivre

Couper la queue des artichauts et les feuilles à mi-hauteur, blanchir les artichauts à l'eau bouillante pendant 10 minutes, les mettre à égoutter et à refroidir dans une passoire.
Hacher finement 2 tranches de petit salé, les champignons, le persil, l'ail.
Saler, poivrer et bien mélanger le hachis, le faire revenir à l'huile d'olive.
Dégager le centre des artichauts en retirant les feuilles claires et le foin et le farcir avec le hachis aux champignons.
Enrober chaque artichaut farci d'une tranche de petit salé et le ficeler.
Faire revenir les oignons émincés et les carottes coupées en bâtonnets, ajouter le thym puis les artichauts, mouiller avec le vin blanc et autant d'eau.
Couvrir et laisser mijoter 45 minutes à feu doux en remuant de temps en temps.
La sauce doit réduire au moins de moitié.
Déficeler les petits salés pour dégager le haut des artichauts.
Les arroser avec la sauce.

Recette traditionnelle par définition des artichauts à la barigoule ! D'autres recettes proposent de cuire les artichauts comme des champignons « à la barigoulo » coupés en 2 sur un gril avec de l'huile d'olive.

Artichauts en ragoût

Ragoust de cachofle

Pour 6 personnes

6 gros artichauts charnus et tendres
200 g de poitrine salée en lardons
2 gousses d'ail
2 oignons
1 citron
2 feuilles de laurier
1 branche de thym
Sel, poivre

Cassez la queue des artichauts, enlevez les grosses feuilles extérieures et coupez les feuilles restantes à mi-hauteur pour ne conserver que la partie tendre des feuilles.
Coupez les fonds d'artichaut en deux, enlevez le foin, et citronnez-les.
Dans une cocotte, faites revenir les lardons, les oignons émincés, puis les artichauts coupés en grosses lamelles.
Mettez de l'eau à mi-hauteur.
Salez, poivrez, ajoutez le laurier, le thym et l'ail écrasé.
Couvrez et laissez cuire à feu moyen pendant 30 minutes.

Au printemps renchérissez votre ragoût de fèves fraîches et de pommes de terre nouvelles !

Francine et Paul Lanteri, Maraîchers Le Père Eternel, Hyères

Artichauts à la provençale

Cachofle à la prouvençalo

Pour 6 personnes

6 artichauts violets
2 gousses d'ail
2 oignons
1 branchette de thym
1 feuille de laurier
1 citron
1 verre de vin blanc
Huile d'olive
Sel, poivre

Enlever les feuilles les plus dures de la base de l'artichaut, couper le bout des feuilles restantes.
Couper les artichauts en deux, retirer le foin et les citronner.
Faire revenir les oignons émincés et les gousses d'ail écrasées à l'huile d'olive.
Lorsque les oignons commencent à blondir ajouter les artichauts et le vin blanc, remuer le tout quelques minutes.
Saler, poivrer
Ajouter le thym et le laurier, couvrir.

Laisser cuire à feu doux pendant 45 minutes.

Le petit violet, ainsi que le blanc-hyérois, sont des artichauts provençaux qui en plus de leurs vertus bienfaisantes pour la santé et leur goût renommé, sont très décoratifs dans nos jardins.

Artichauts farcis « ail et persil »

Farci de cachofle « aiet e juvert »

Pour 4 personnes

4 artichauts tendres de Provence
4 filets d'anchois dessalés
2 gousses d'ail
1 citron
1 bouquet de persil
8 cuillerées à soupe de chapelure
Huile d'olive
Sel, poivre

Préparez une farce « sèche » en hachant l'ail, le persil et les anchois.
Ajoutez la chapelure, le sel (très peu) et le poivre.
Cassez la queue des artichauts, retirez les feuilles extérieures dures, introduisez la farce en écartant les feuilles restantes.
Disposez les artichauts dans une cocote avec de l'eau à mi-hauteur.
Verser un filet d'huile d'olive, et laissez cuire 15 minutes à feu moyen.
Arrosez de jus de citron.
Faites cuire encore 30 minutes.

Les artichauts sont cuits lorsque les feuilles se détachent facilement en tirant dessus.

Francine et Paul Lanteri, Maraîchers Le Père Eternel, Hyères

Aubergines en caton sauce aillée

Merinjano en catoun à l'aietado

Pour 6 personnes

4 aubergines moyennes
1 cuillerée à café de câpres
2 cuillerées à café d'anchoïade
1 demi citron
3 gousses d'ail
1 bouquet de persil
1 verre d'huile d'olive

Piquez les aubergines avec la pointe d'un couteau, disposez-les sur une plaque à four et mettre à four chaud pendant une heure sans les faire brûler.
Versez le jus de citron sur les gousses d'ail écrasées.
Mélangez successivement à l'ail, le persil finement ciselé, les câpres finement hachées, l'anchoïade.
Lorsque les aubergines sont cuites, retirez la pulpe, coupez-la grossièrement avec un couteau, mélangez-la à la préparation persillée et incorporez petit à petit l'huile d'olive.

Servez froid.

Lou catoun en provençal : le chat. C'est la forme que prennent les aubergines en cuisant au four.

Erick Vedel, Maître Cuisinier Provençal, Arles

Aubergines en caton à la brousse de brebis

Merinjano en catoun à la brousso de fedo

Pour 4 personnes

2 aubergines
2 gousses d'ail
150 g de brousse de brebis
8 tranches de pain
Huile d'olive
Fleur de sel de Camargue

Piquez les aubergines et faites-les cuire une heure à four doux, recueillez la pulpe et écrasez-la pour en faire une purée. Faites griller les tranches de pain et frottez-les de deux traits d'ail. Tartinez-les d'un peu de brousse de brebis et recouvrez avec la pulpe d'aubergine.
Arrosez d'un filet d'huile d'olive.

Saupoudrez de quelques grains de fleur de sel de Camargue.

De bonnes tranches pulpeuses !

Erick Vedel pour le Moulin à Huile Saint-Michel,
Vallée des Baux, Mouriès

Barigoule d'aubergines

Merinjano à la barigoulo

Pour 5 personnes

4 aubergines
4 gousses d'ail
1 bouquet de persil
Huile d'olive
Sel

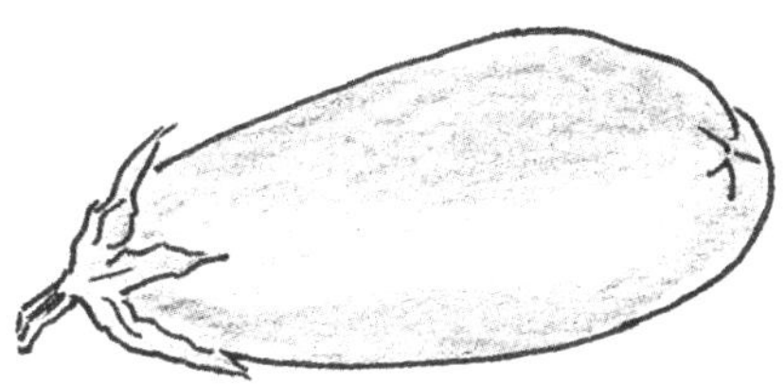

Coupez les aubergines en lamelles de 5 mm d'épaisseur. Portez-les sur un grill en fonte chaud, marquez-les pendant 4 minutes environ de chaque côté.
Hachez l'ail et le persil avec un peu de sel, et mélangez.
Disposez une première couche d'aubergine côte à côte dans un plat, tartinez-les d'un peu de persillade et d'huile d'olive, superposez une deuxième couche d'aubergine sur la première, tartinez-les et continuez ainsi par couches successives.
Se conserve plusieurs jours au réfrigérateur.
Se déguste tel quel.

Une réserve de choix pour les imprévus et pour les gourmands !

Erick Vedel, Maître Cuisinier Provençal, Arles

Bohémienne

Bóumiano

Pour 6 personnes

1 kg de tomates bien mûres
1 kg d'aubergines
2 gousses d'ail
2 cuillerées à soupe d'anchoïade
Fromage râpé
Huile d'olive
Sel, poivre

Couper les aubergines en rondelles, peler les tomates, les épépiner et les couper en quatre.
Dans une sauteuse faire revenir les aubergines, les tomates et l'ail écrasé à l'huile d'olive.
Saler, poivrer.
Couvrir et laisser cuire à feu doux 40 minutes.
Bien mélanger la sauce aux anchois et les légumes dans un plat à four.
Recouvrir de fromage râpé.
Mettre le plat à gratiner au four.

Une recette du temps des roulottes, à déguster chaud ou froid, dans ce cas ce sera encore meilleur avec un filet de jus de citron !

Bouillabaisse de pommes de terre

Lou boui-abaisso de tartifle

Pour 6 personnes

1,5 kg de pommes de terre
150 g de poitrine salée
150 g d'olives noires
150 g de gousses d'ail
Une feuille de laurier
Un bouillon cube
Huile d'olive

Dans une cocotte arrosée d'huile d'olive, faire revenir quelques minutes à feu vif le petit salé avec les olives, le laurier et les gousses d'ail pelées et entières.
Ajouter, à feu doux, les pommes de terre épluchées, lavées et égouttées. Mélanger.
Pendant ce temps, porter à ébullition un litre d'eau avec le cube.
Verser ce bouillon chaud dans la cocotte.
Augmenter le feu, puis, quand ça bout, baisser.

Surveiller la cuisson des pommes de terre avec la pointe d'un couteau.

Vous avez dit bouillabaisse ? Mais oui c'est la définition même : Quand ça bout, baisser (le feu) !

Mireille Grangier, Ferme « Le Mas de Mireio », Le Thor

Bouillabaisse d'épinards aux œufs pochés

Lou boui-abaisso d'espinare is ioù embourgna

Pour 4 personnes

1 kg d'épinards frais
1 kg de pommes de terre
4 œufs
4 gousses d'ail
1 oignon
Pain grillé
Filaments de safran
Huile d'olive
Sel, poivre

Blanchir les épinards, les rafraîchir dans une passoire et bien les égoutter.
Couper les pommes de terre en très gros dés.
Faire revenir l'oignon émincé à l'huile d'olive.
Lorsque l'oignon commence à blondir, ajouter les épinards et remuer la poêle pour faire tourner les épinards.
Ajouter les pommes de terre, l'ail écrasé et le safran, assaisonner.
Couvrir d'eau bouillante et faire cuire à feu doux environ 20 minutes.
Pendant ce temps, préparer des tranches de pain grillées et aillées, les disposer dans les assiettes arrosées d'un filet d'huile d'olive.
Passer le bouillon et ses légumes, réserver les légumes au chaud.
Pocher les œufs dans le bouillon 2 à 3 minutes.
Verser le bouillon sur le pain grillé.

Servir les œufs avec les légumes.

Pour les émules de Popeye, les épinards sont meilleurs frais accompagnés éventuellement d'aïoli ou de rouille.

Caponata

Pour 6 personnes

750 g d'aubergines
750 g de tomates
350 g d'oignons
1 poivron rouge
50 g de câpres
Olives noires ou vertes dénoyautées
1 tiers de verre de vinaigre
Huile d'olive
Sel, poivre

Faire revenir dans l'huile d'olive les oignons émincés, ajouter les aubergines en petits cubes, les assaisonner, les faire revenir et les réserver.
Les remplacer par les tomates pelées, épépinées et concassées avec le poivron émincé, les assaisonner et les faire revenir.
Réunir tous les légumes dans une casserole antiadhésive avec les câpres, les olives et le vinaigre.
Goûter et rectifier l'assaisonnement.

Cuire le tout à feu très doux pendant 20 minutes.

La caponata, d'origine sicilienne, se prépare de préférence la veille et se mange froide.
Elle se congèle très bien.

Luce Emeriaud, Chambres d'hôtes La Maison du Sarret, Briançon

Caviar d'aubergines

Caviar de merinjano

Pour 4 personnes

4 aubergines
4 gousses d'ail
1 citron
Quelques feuilles de basilic
Tranches de pain grillées
Huile d'olive
Sel, poivre

Piquer les aubergines et les cuire une heure à four doux. Prélever la chair à la petite cuillère, tout en retirant les éventuels pépins, réduire la chair en purée à la fourchette.
La mélanger avec l'ail pilé, le basilic ciselé très finement et assaisonner.
Verser sur cette purée quelques cuillerées d'huile d'olive pour obtenir une pommade ferme.
Terminer par un filet de citron.
Servir bien frais sur des tranches de pain grillées.

C'est un caviar tout simplement !

Courge spaghetti au basilic

La coucourdo « spaghetti » au balicot

Pour 6 personnes

2 courges spaghetti de 1 kg
1 verre de coulis de tomates
1 branche de basilic
Sel, poivre

Lavez les courges et faites-les cuire entières dans de l'eau bouillante salée pendant 10 à 15 minutes.
Les courges sont cuites lorsque la fourchette les pénètre sans forcer.
Laissez-les refroidir, puis coupez-les en deux dans le sens de la longueur.
Otez les graines du milieu puis, avec une fourchette, récupérez tous les filaments à l'intérieur qui forment les spaghettis.

Agrémentez de coulis et de basilic ciselé, assaisonnez.

Les spaghettis végétaux se cuisinent comme de vrais spaghettis, vous pouvez également les consommer avec du beurre et du fromage râpé ou une sauce lardons crème fraîche.

Yvette Marino, Ferme Le chapitre, Vitrolles en Luberon

Courgettes au riz

Coucourdeto au ris

Pour 4 personnes

1 kg de courgettes
80 g de riz
1 œuf
100 g de poitrine salée
1 gousse d'ail
200 g d'oignons
1 feuille de laurier
2 à 3 brins de persil
Fromage râpé
Huile d'olive
Sel, poivre

Faites revenir à l'huile d'olive la poitrine coupée en petits morceaux avec les oignons émincés.
Ajoutez les courgettes coupées en petits morceaux, l'ail écrasé, le persil haché, le laurier, salez et poivrez, faites revenir un moment.
Ajoutez le riz et tournez jusqu'à ce qu'il devienne transparent.
Mouillez avec 1 verre et demi d'eau.
Laissez cuire doucement 20 minutes.
Verser le tout dans un plat à gratin.
Mélanger l'œuf et le fromage râpé, répartir le mélange sur les courgettes.

Mettre à gratiner quelques instants au four.

Le bon mariage gratiné des fibres et des protéines végétales.

Francine et Paul Lanteri, Maraîchers Le Père Eternel, Hyères

Courgettes farcies à la viande et au fromage

Coucourdeto farcido à la viando e au froumage

Pour 4 personnes

500 g de viandes hachées et mélangées
150 g de fromage râpé
4 courgettes
2 œufs
3 oignons
1 gousse d'ail
4 feuilles de basilic
1 cuillerée à café de paprika
2 ou 3 sommités (tige garnie de fleurs) de thym
Chapelure
Huile d'olive
Sel, poivre

Coupez les courgettes en 2 dans le sens de la longueur, évidez-les légèrement.
Hachez l'ail, l'oignon, et l'intérieur des courgettes, faites revenir l'ensemble légèrement à la poêle.
Dans un saladier, mélangez ce hachis avec la viande hachée et le fromage râpé.
Salez, poivrez, saupoudrez de paprika.
Ajoutez les œufs, le basilic, le thym, et mélangez le tout afin d'obtenir une farce homogène.
Répartissez la farce sur les demies courgettes, saupoudrez de chapelure, et arrosez d'un filet d'huile d'olive.
Mettre à four chaud 25 à 30 minutes.

Servez ces courgettes farcies et aromatisées avec une sauce tomate.

Francine et Paul Lanteri, Maraîchers Le Père Eternel, Hyères

Courgettes farcies à la viande et au riz de Camargue

Coucourdeto farcido à la viande e au ris Camargo

Pour 4 personnes

125 g de mouton haché
1 œuf
50 g de riz long de Camargue
8 petites courgettes
2 gousses d'ail
1 oignon
1 petit bouquet de persil
Quelques brins de ciboulette
3 cuillerées à soupe d'huile d'olive
Sel, poivre

Blanchir les courgettes cinq minutes dans de l'eau bouillante salée, les égoutter et les couper en deux dans le sens de la longueur.
Les évider avec une cuillère à café et réserver la chair.
Faire cuire le riz à découvert dans un demi-litre d'eau bouillante salée pendant 15 minutes, l'égoutter.
Dans une poêle contenant de l'huile, faire revenir l'ail écrasé, l'oignon haché, la chair des courgettes hachée et le mouton pendant 15 minutes.
Verser ce hachis dans un saladier, le mélanger avec le riz, incorporer l'œuf et les herbes ciselées.
Saler, poivrer et mélanger le tout.
Remplir les courgettes de cette farce, arroser avec l'huile d'olive.

Mettre à four chaud pendant 20 à 25 minutes.

Servir ces courgettes accompagnées d'une sauce tomate bien épicée.
On peut varier en remplaçant le mouton par du veau.

Robert Bon, Bongran Rizerie du Petit Manusclat, Le Sambuc

Courgettes rondes en petits farcis

Li coucourdeto redouno farcido

Pour 4 personnes

8 courgettes rondes
1 poivron rouge
2 gousses d'ail
1 oignon
Huile d'olive
Fromage râpé
Sel, poivre

Découper un chapeau dans le haut de la courgette (pédoncule) et vider l'intérieur en réservant la chair dans un saladier. Blanchir les courgettes un court instant.
Mélanger à la chair de courgette le poivron coupé en très petits dés, l'oignon émincé, l'ail écrasé et le fromage râpé.
Saler et poivrer.
Faire revenir la farce à l'huile d'olive environ 3 minutes.
Remplir les courgettes de cette farce à la petite cuillère.
Les ranger dans un plat à four.

Cuire à four chaud pendant quelques minutes, le temps d'une jolie coloration.

La courgette ronde est la meilleure variété pour les farcis.

Ingrid et Gianni Ladu, Ferme-Auberge Le Castellas, Sivergues

Pâtisson

Pastissoun

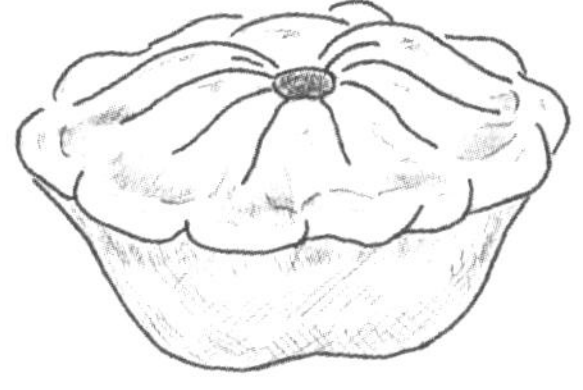

Le pâtisson, également appelé artichaut d'Espagne, se cuisine comme les courgettes, le goût de fond d'artichaut en plus : Poêlés avec ou sans peau en persillade, farcis à la viande, au riz... après les avoir blanchis 5 minutes dans l'eau bouillante.

Yvette Marino, Ferme Le chapitre, Vitrolles en Luberon

Farcis de Provence

Li farci de Prouvènço

<u>Pour 4 personnes</u>

2 gros oignons blancs
2 grosses aubergines
2 courgettes
4 tomates
2 œufs
2 gousses d'ail
250 g de chair à saucisse
1 branche de basilic
Huile d'olive
Sel, poivre

Blanchir les courgettes et les oignons 5 minutes à l'eau bouillante salée.
Couper les oignons, les aubergines et les courgettes en deux dans le sens de la longueur.
Couper un chapeau sur les tomates.
Creuser et réserver la chair de chaque légume en éliminant les graines.
Saler l'intérieur des légumes, sauf pour les oignons, les retourner pour les faire dégorger.
Hacher les chairs réservées et les mélanger à la chair à saucisse, ajouter l'ail écrasé, le basilic ciselé et les œufs.
Saler et poivrer.
Faire revenir la farce quelques minutes dans de l'huile d'olive.
Farcir les légumes et les disposer dans un plat à four beurré.
Mettre à four moyen et cuire environ 1 heure.

Ce classique de Provence aux saveurs harmonieuses garanti votre succès à table.

Flan à la tomate

Flan de poumo d'amour

Pour 6 personnes

1 fond de tarte en pâte brisée déjà cuit (10 minutes)
4 grosses tomates mûres
4 œufs
2 gousses d'ail
1 bouquet de persil
2 ou 3 sommités (tige avec feuilles et fleurs) de Thym
4 feuilles de basilic
15 cl de lait
150 g de crème fraîche épaisse
150 g de fromage râpé
Sel, poivre

Pelez les tomates, épépinez-les, coupez-les en petits morceaux et laissez-les égoutter dans une passoire.
Battez les œufs entiers, ajoutez le lait avec sel et poivre, puis les tomates, la crème et le fromage.
Mélangez l'ail écrasé, le persil haché fin, le basilic ciselé, le thym émietté.
Versez cette préparation dans le moule garni du fond de tarte cuit.
Mettez à four chaud pendant 40 minutes.
Servez chaud.

Flan particulièrement recommandé par Francine !

Francine et Paul Lanteri, Maraîchers Le Père Eternel, Hyères

Flan aux asperges

Flan is espargo

Pour 6 personnes

1 kg d'asperges
8 œufs
200 g de crème fraîche épaisse
1 cuillerée à soupe de maïzena
Sel, poivre

Peler, laver, ébouillanter et égoutter les asperges.
Couper les pointes d'asperges et les réserver.
Préparer une crème d'asperges en mixant les queues, les œufs, la crème fraîche et la maïzena, saler et poivrer.
Verser la préparation dans un moule à cake beurré et mettre au four au bain-marie 45 minutes à une heure.
Laisser refroidir une nuit et le démouler au moment de servir.

Couper le cake en tranches et décorer avec les pointes d'asperges.

Un flan aux saveurs douces à servir avec de la mayonnaise ou de l'aïoli.

Laurence Gimbert, Ferme-Auberge « Lou Manescau », Mazan

Flan de courgettes

Flan de coucourdeto

Pour 6 personnes

1,5 kg de courgettes
6 à 8 œufs
2 gousses d'ail
1 petit bouquet de persil
1 cuillerée à soupe de crème fraîche
Un peu de farine de maïs
Huile d'olive
Sel, poivre

Éplucher et couper les courgettes.
Les faire revenir dans une cocotte huilée.
Ajouter le persil ciselé, l'ail pilé, le sel et le poivre.
Égoutter les courgettes, les remettre dans la cocotte.
Ajouter les œufs, réajuster l'assaisonnement.
Ajouter la crème et saupoudrer de farine.
Tourner, mélanger et verser dans un moule à cake huilé.
Mettre à four moyen 25 à 30 minutes.
Servir avec un coulis de tomates.

Un flan onctueux, rehaussé par la saveur acidulée du coulis.

Edith Henry, Domaine de la Tuilerie, Violes

Galette de petit épeautre

Galeto d'espèuto

Pour 6 personnes

250 g de petit épeautre
1 fromage de chèvre sec
1 l de bouillon de volaille
3 cuillerées à soupe d'huile d'olive
Sel, poivre

Pour la garniture

1 fromage de chèvre frais
100 g d'olives noires
1 branche de thym

Versez le petit épeautre dans le bol du mixeur et pulvérisez-le pour obtenir une semoule un peu grossière.
Dans une casserole, portez le bouillon de volaille à ébullition, ajoutez la semoule petit à petit en remuant, puis baissez le feu.
Laissez cuire en remuant souvent, jusqu'à ce que le liquide soit absorbé.
Hors du feu, ajouter du sel, du poivre, le chèvre sec émietté et l'huile d'olive.
Mélangez bien, puis répartissez dans un grand plat de cuisson huilé.
Passez 5 minutes sous le grill préchauffé pour dorer la galette en surface.

Décorez avec des olives noires dénoyautées et hachées et du fromage de chèvre frais écrasé avec du thym.

La galette du berger !

Bernard Bonnefoy, Producteur de Petit Epeautre Le Seigneur, Sault

La cuisson du riz complet de Camargue

Pèr couire lou ris de Camargo noun espeluca

Rincer le riz, mettre 3 volumes d'eau pour un volume de riz, porter à ébullition.
Ajouter le riz, laisser bouillir 25 minutes à gros feu.
Rincer le riz légèrement à l'eau froide.
Mettre de l'huile dans une casserole, verser le riz.
Bien mélanger à petit feu.

Robert Bon, Bongran Rizerie du Petit Manusclat, Le Sambuc

Galette de riz complet au fromage

Galeto de ris noun espeluca au froumage

2 tasses de riz complet de Camargue cuit
2 tasses de fromage blanc
1 œuf
100 g de farine complète de froment
Quelques brins de ciboulette
Quelques brins de persil
Quelques noix ou noisettes
1 demi citron
1 verre de lait
Autres épices de votre choix

Ciseler la ciboulette et le persil, malaxer tous les ingrédients jusqu'à l'obtention d'une pâte épaisse.
Verser un peu de cette pâte dans une poêle et l'aplatir en forme de galette d'un centimètre d'épaisseur environ.
Lorsque la galette se détache de la poêle, cuire l'autre côté.

Une présentation tout en rondeur du riz de Camargue !

Robert Bon, Bongran Rizerie du Petit Manusclat, Le Sambuc

Gratin de pommes de terre au caillé de chèvre

Tian de tartifle au caillat de cabro

Pour 8 personnes

3 kg de pommes de terre fermes
1 kg de caillé de chèvre bien égoutté
1 tête d'ail complète
1 bouquet de basilic à petites feuilles
1 pincée d'herbes de Provence sèches
1 cuillerée à café de muscade
Sel, poivre

Couper les pommes de terre en rondelles très fines d'environ 5 millimètres.
Les blanchir 2 minutes à l'eau bouillante.
Bien les égoutter, il ne doit plus rester d'eau à leur utilisation.
Dans un saladier à part, mélanger le caillé bien égoutté, l'ail écrasé, le basilic ciselé, la muscade, le sel et le poivre.
Goûter et rectifier éventuellement l'assaisonnement.
Fouetter l'ensemble jusqu'à ce que la crème soit légère et lisse.
Dans un plat à gratin, alterner des couches de crème d'un bon centimètre et des couches de pommes de terre, commencer et terminer par une couche de crème.
Saupoudrer d'herbes de Provence sèches.

Mettre à four doux 1 heure à 1 heure 15 pour que la pomme de terre cuise dans sa crème.

Le premier plaisir de ce gratin doré et parfumé est de le humer, le dévorer des yeux avant de le manger pour de bon !

Ingrid et Gianni Ladu, Ferme-Auberge Le Castellas, Sivergues

Gratin de petit épeautre

Tian d'espèuto

Pour 5 personnes

200 g de petit épeautre
1 courgette
1 carotte
1 branche de céleri
1 petite boite de pulpe de tomates
1 oignon
Fromage râpé
2 cuillerées à soupe d'huile d'olive
Sel, poivre

Verser dans un litre d'eau bouillante salée le petit épeautre avec la carotte et la branche de céleri coupées en bâtonnets. Cuire l'ensemble pendant 30 à 35 minutes.
Pendant ce temps, faire revenir l'oignon émincé, la courgette et la pulpe de tomate dans l'huile d'olive.
Égoutter le petit épeautre et ses bâtonnets, les mélanger avec la courgette et la pulpe de tomates.
Assaisonner.
Mettre dans un plat à gratin, saupoudrer de fromage râpé et faire gratiner au four pendant 15 minutes.
Servir chaud.

Ce gratin nous a été transmis par Mamie Marguerite Bonnefoy avec mention spéciale « très bon ».
Gratin un jour, gratin toujours !

Bernard Bonnefoy, Producteur de Petit Epeautre Le Seigneur, Sault

Gratin de purée de courgettes

Tian de pureio de coucourdeto

Pour 4 personnes

1 kg de courgettes
1 œuf
1 gousse d'ail
1 oignon
1 cuillerée à soupe de farine
1 verre de lait
100 g de fromage râpé
Huile d'olive
Sel, poivre

Couper les courgettes en petits dés, faire revenir l'oignon émincé dans l'huile d'olive chaude.
Lorsqu'il commence à blondir ajouter les courgettes et l'ail.
Laisser cuire en remuant l'ensemble régulièrement jusqu'à l'obtention d'une pâte grossière.
Lier la pâte de courgettes avec la farine et le lait, assaisonner.
Battre l'œuf et le mélanger à la pâte avec la moitié du fromage râpé.
Mettre le tout dans un plat à gratin beurré.
Saupoudrer du reste de fromage râpé et terminer par un filet d'huile d'olive.

Faire cuire et gratiner à four moyen pendant 20 minutes.

Une autre façon de préparer la courgette, tout en préservant sa texture et son goût fins !

Haricots verts à la tomate

Faioù baneto i poumo d'amour

<u>Pour 6 personnes</u>

1,5 kg de gros haricots verts de pays mange-tout ou phénix
1 oignon
1 gousse d'ail
2 grosses tomates bien mûres
2 à 3 feuilles de basilic
1 feuille de laurier
1 branchette de thym
1 morceau de sucre
Huile d'olive
Sel, poivre

Porter à ébullition 3 litres d'eau salée, verser les haricots effilés et cuire à gros bouillons environ 10 minutes à découvert.
Peler et épépiner les tomates.
Faire revenir l'oignon émincé dans une sauteuse, lorsqu'il est à peine doré, ajouter la gousse d'ail écrasée.
Tourner quelques secondes sur le feu.
Ajouter aussitôt les tomates, le sucre, le thym effeuillé, le laurier, saler et poivrer.
Laisser mijoter cinq minutes.
Ajouter les haricots verts et finir de les cuire à petits bouillons à couvert.

Au dernier moment, verser un filet d'huile d'olive et parsemer le basilic ciselé.

Simple, sain et parfumé !

Sylviane et René Roussel, Maraîchers, Graveson-en-Provence

Haricots verts persillade

Faioù baneto en sausso au juvert

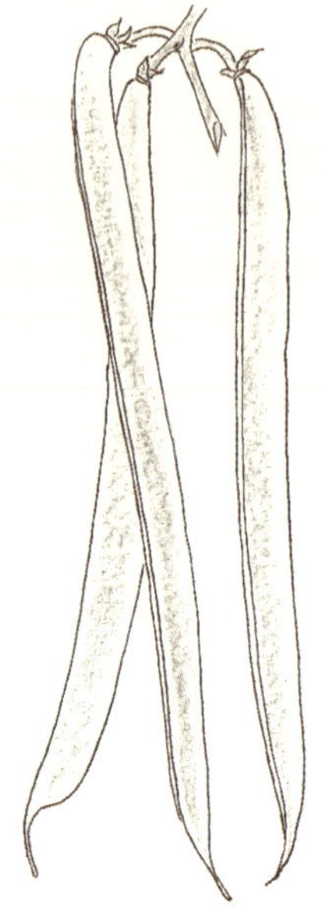

Pour 5 personnes

1 kg de haricots verts
2 gousses d'ail
1 petit bouquet de persil
2 cuillerées à soupe de chapelure
Huile d'olive
Sel, poivre

Blanchir les haricots dans l'eau bouillante pendant 5 minutes, les égoutter et les verser dans une poêle chaude huilée. Mélanger la chapelure avec l'ail et le persil mixés, ajouter cette préparation dans la poêle, saler et poivrer.

Faire revenir le tout à l'huile d'olive et terminer la cuisson à la poêle.

Très simple et très bon !

Laurence Gimbert, Ferme-Auberge « Lou Manescau », Mazan

Lentilles sautées au thym

Li lentiho fricassado enré de farigoulo

Pour 4 personnes

250 g de lentilles vertes
1 carotte
1 gousse d'ail
1 oignon
1 feuille de laurier
2 branches de thym
1 petit bouquet de persil
Huile d'olive
Sel, poivre

Mettre les lentilles et la carotte coupée en fines rondelles dans trois quarts de litre d'eau froide.
Porter à ébullition et laisser cuire 15 minutes.
Ajouter l'ail écrasé, l'oignon émincé, le laurier et le thym émietté.
Saler, poivrer, laisser cuire 15 minutes.
Passer les lentilles et bien les égoutter, les faire sauter à l'huile d'olive dans une poêle.

Saupoudrer de persil haché.

Les lentilles s'accordent très bien avec le thym, ça change de l'éternel petit salé, n'abandonnez pas pour autant votre droit d'aînesse !

Millefeuille d'aubergines au fromage de chèvre

Milo-fuèio de merinjano au froumage de cabro

Pour 4 personnes

2 aubergines
2 petites bûches de fromage de chèvre frais
1 tomate bien mûre
1 gousse d'ail
1 bouquet de persil
Vinaigre
Huile d'olive
Sel, poivre

Laver et couper les aubergines en tranches dans le sens de la longueur.
Les disposer dans un plat, saler, poivrer, ajouter un peu d'huile d'olive et cuire à four doux sans coloration.
Peler la tomate, l'épépiner et la découper en petits dés.
Découper les tranches d'aubergine cuites en rectangle, les tartiner d'une couche de fromage.
Constituer des millefeuilles de trois tranches.
Préparer une vinaigrette avec l'huile d'olive, le vinaigre, les petits dés de tomate, le sel, le poivre, le persil et l'ail hachés.
Au moment de servir, faire gratiner les millefeuilles.

Les dresser sur la vinaigrette de tomate.

Pour un repas de midi « détendu à la cuisine d'été », à déguster avec un rosé de Provence très frais.

Thierry Berne, Maison Sainte-Victoire,
Saint-Antonin-sur-Bayon

Méli-mélo de pois

Mescladisso de pese

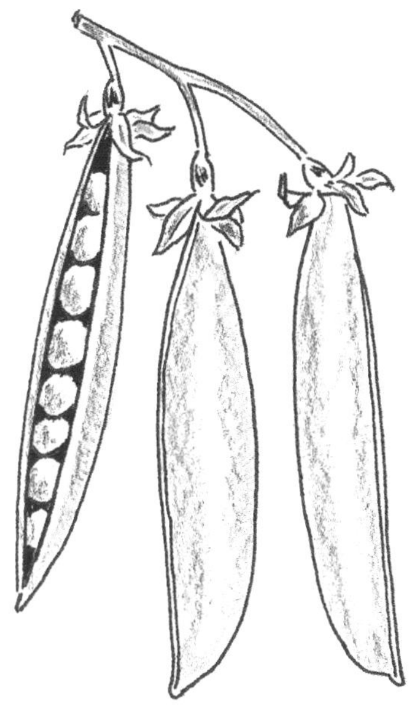

Pour 6 personnes

300 g de pois gourmands
300 g de petits pois
4 à 5 petits artichauts violets
6 Cébettes (ou bettes à carde)
150 g de petit salé
Sel, poivre

Faire revenir le petit salé coupé en dés, ajouter les cebettes coupées en tronçons, puis les artichauts coupés en lamelles, les pois gourmands et les petits pois écossés.
Saler, poivrer et mouiller avec un demi verre d'eau.

Laisser cuire en remuant souvent pendant environ 30 minutes.

Un mélange gourmand !

Marcelle Monnier, Ferme-Auberge La barque aux Romarins, Orange

Panisses

Panisso

Pour 6 personnes

250 g de farine de pois chiches
Huile à friture
Huile d'olive
Sel

Porter à ébullition un litre d'eau salée arrosée d'un filet d'huile d'olive.
Hors du feu, jeter en pluie la farine tout en tournant à la cuillère en bois pour éviter les grumeaux.
Remettre sur feu doux et continuer à tourner doucement pendant une vingtaine de minutes.
Lorsque la bouillie est suffisamment ferme, la verser dans un plat et laisser refroidir.
Découper des bâtonnets de moins d'un centimètre de côté.
Porter à ébullition l'huile à friture et plonger 2 à 3 minutes les bâtonnets de panisses.

Saler ou sucrer suivant leur utilisation.

Sans parenté avec le personnage de Marcel Pagnol mais plutôt cousin de la polenta !

Producteurs de pois chiches du Poulagnier, Rougiers

Papeton d'aubergines

« Papeton » de merinjano

Pour 6 à 8 personnes

10 aubergines moyennes, plutôt longues
4 œufs
1 verre de coulis de tomate
1 branche de thym
1 feuille de laurier
2 gousses d'ail
3 échalotes
Huile d'olive
Sel

Peler les aubergines, les couper en gros dés et les faire dégorger au gros sel dans une passoire pendant une heure.
Les éponger avec du papier absorbant.
Dans une cocotte, faire cuire les aubergines à couvert et à feu doux environ 30 minutes avec l'huile, le sel, l'ail écrasé, les échalotes coupées finement, le thym et le laurier.
Ensuite les mouliner ou écraser grossièrement.
Ajouter les œufs battus en omelette.
Mettre cette préparation dans un moule à cake huilé.
Cuire au bain-marie au moins 35 minutes à four chaud.
Servir chaud ou froid avec le coulis de tomates.

Le papeton d'aubergines et la liqueur de papaline sont les péchés mignons des papes d'Avignon...

Luce Emeriaud, Chambres d'hôtes La Maison du Sarret, Briançon

Petits fagots panés de haricots verts

Fichot fais pana de faioù baneto

Pour 4 personnes

500 g de haricots verts « extra fins »
1 œuf
10 tranches bien fines de petit salé fumé
Branches de romarin (pour confectionner les petits piques)
Chapelure
Huile de friture
Sel, poivre

Jeter les haricots verts effilés dans 1 litre et demi d'eau bouillante salée.
Cuire sans couvrir, pendant 10 minutes et les mettre à égoutter dans une passoire.
Faire des piques en bois avec les branches de romarin.
Confectionner de petits fagots avec les haricots verts.
Lier ces fagotins avec un morceau de petit salé maintenu fermé par une pique de romarin.
Faire chauffer l'huile pour la friture.
Dans un bol, battre l'œuf en omelette et l'assaisonner.
Tremper chaque fagotin dans l'œuf battu, les rouler dans la chapelure.
Les frire quelques secondes.

Une présentation « bien fagotée » originale qui donnera de l'appétit aux grands... et aux petits.

Sylviane et René Roussel, Maraîchers, Graveson-en-Provence

Poêlée de poivrons

Sartanado de pebroun

Pour 4 personnes

4 poivrons verts ou rouges
2 beaux oignons
2 gousses d'ail
Huile d'olive
Sel, poivre

Faire blondir les oignons émincés et l'ail écrasé avec un peu d'huile d'olive.
Ajouter les poivrons coupés en lamelles, assaisonner.
Faire cuire dans un fait-tout pendant 25 à 30 minutes.

Pour le plaisir de l'œil, cuisinez des poivrons de couleurs différentes verts, rouges, jaunes.
Original et savoureux : *confectionnez des chaussons à la pâte brisée ou feuilletée avec la poêlée de poivrons.*

Anne-Marie Invernizzi, Ferme chemin Madeleine,
L'Isle-sur-la-Sorgue

Pois chiches à la provençale

Pese pounchu à la prouvençalo

Pour 4 personnes

500 g de pois chiches (trempés 12 h dans l'eau avec une cuillerée à café de bicarbonate pour les pois crus)
4 tomates
1 cuillerée à soupe de concentré de tomate
2 gousses d'ail
4 oignons
1 échalote
2 clous de girofle
Huile d'olive
1 bouquet de persil
Sel, poivre

Versez les pois chiches dans une grande quantité d'eau froide et faites cuire 3 heures à feu moyen.
Pelez les oignons et piquez-les avec 2 clous de girofle.
Faites-les dorer à l'huile dans une cocotte avec l'ail écrasé, l'échalote hachée.
Mouillez avec un verre d'eau bouillante, couvrez, laissez mijoter 1 heure à feu doux puis ajoutez les tomates pelées, coupées en morceaux et le concentré de tomate, le sel et le poivre.
Laissez cuire encore une demi-heure.
Ajoutez-les pois chiches égouttés à la sauce et laissez mijoter encore quelques minutes.
Avant de servir saupoudrez de persil haché.

Le pois chiche de Rougiers est un sucre lent profitable aux sportifs, la preuve : Rougiers détient le record mondial du lancer de pois chiches, cet exploit doit être officialisé dans un prochain livre des records !

Producteurs de pois chiches du Poulagnier, Rougiers

Pois chiches à la « Luquet »

Cese pounchu à la « Luquet »

<u>Pour 4 personnes</u>

500 g de pois chiches déjà cuits
200 g de lardons
2 oignons
Vinaigre
Sel, poivre

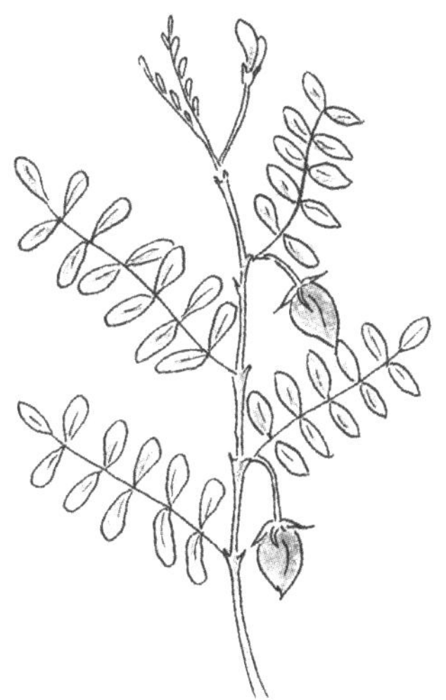

Faire revenir les pois chiches dans une sauteuse avec les oignons émincés et les lardons préalablement frits.
Assaisonner.

Avant de servir arroser d'une rasade de vinaigre.

L'art d'accommoder simplement, rapidement et agréablement les restes de pois chiches.

Producteurs de pois chiches du Poulagnier, Rougiers

Pois gourmands à la provençale

Pese galavard à la prouvençalo

Pour 4 personnes

800 g de pois gourmands frais
2 tomates
1 gousse d'ail
1 oignon
1 branche de basilic
1 petit bouquet de persil
Huile d'olive
Sel, poivre

Effiler les pois gourmands et les laver. Peler les tomates, les épépiner et les couper en quartiers.
Faire revenir l'oignon émincé dans de l'huile d'olive.
Lorsque l'oignon blondit, ajouter les tomates, les pois gourmands et l'ail écrasé.
Saler et poivrer.
Couvrir et laisser mijoter 10 à 12 minutes.

Saupoudrer de persil et de basilic ciselé.

Des pois bien nommés, on en reprend par gourmandise !

Poivrons et fenouils en petits farcis

Li pichot farci de pebroun e de fenoun

Pour 4 personnes

4 poivrons verts
4 gros fenouils
250 g de crème de chèvre (voir recette du même nom)
250 g de brousse
150 g de tomme de brebis fraîche
Sel, poivre

Couper les poivrons en 4 cuvettes, couper les fenouils en 3 et former 3 cuvettes.
Blanchir les légumes à l'eau bouillante pendant 2 minutes.
Préparer la farce avec la crème de chèvre et la brousse.
Saler et poivrer la farce.
Remplir les cuvettes de farce.
Les recouvrir d'une fine tranche de tomme de brebis fraîche afin que chaque farci ait sa belle couverture appétissante.
Mettre à four chaud pendant 2 à 3 minutes.
Le temps d'une belle coloration.

Des petits farcis à la saveur estivale et anisée.

Ingrid et Gianni Ladu, Ferme-Auberge Le Castellas, Sivergues

Poivrons marinés

Li pebroun en marinado

2 poivrons rouges
2 poivrons jaunes
2 gousses d'ail
1 branche de thym
1 citron
Huile d'olive
Sel, poivre

Couper les poivrons en deux dans le sens de la longueur, les équeuter et les épépiner.
Mettre les poivrons à griller côté peau sur une plaque à four huilée pendant 40 minutes.
Retirer les peaux carbonisées.
Couper les poivrons en lanières.
Les ranger dans une terrine, les parsemer de thym émietté, d'ail écrasé et d'un filet de citron, assaisonner.

Couvrir entièrement d'huile d'olive.

A conserver au réfrigérateur, ces délicieux condiments colorés se servent frais à l'apéritif et avec les viandes froides. Rappelez-vous que le poivron est également un légume à part entière, le plus riche en fer et vitamine C !

Pommes de terre farcies sur lit de haricots

Li tartifle farcido sus un lié de faioù

Pour 4 personnes

8 grosses pommes de terre de type mona lisa
500 g de haricots verts mange-tout de pays
2 petites aubergines
2 petites courgettes
1 œuf
200 g de chair à saucisses
200 g de jambon
1 gousse d'ail
1 gros oignon
1 feuille de laurier
1 branche de thym
1 à 2 tranches de mie de pain
Sel, poivre

Blanchir les haricots effilés 5 minutes dans de l'eau bouillante salée, les égoutter.
Couper les aubergines et les courgettes en petits dés.
Couper le jambon en très petits morceaux.
Faire blondir l'oignon émincé dans l'huile d'olive.
Ajouter et faire dorer les aubergines, les courgettes, le jambon et la chair à saucisses.
Au dernier moment mettre l'ail écrasé, saler et poivrer.
Hors du feu incorporer l'œuf battu et la mie de pain, bien malaxer l'ensemble.
Creuser chaque pomme de terre avec une cuillère et la remplir de farce, réserver éventuellement la chair pour une soupe.
Dans une cocotte en fonte, tapisser le fond de haricots verts égouttés, les mélanger avec une cuillère de farce et les couvrir avec 2 verres d'eau.
Poser les pommes de terre farcies sur les haricots, ajouter le thym et le laurier.

Laisser cuire doucement à couvert pendant 1 heure.

Un plat complet toujours apprécié !

Sylviane et René Roussel, Maraîchers, Graveson-en-Provence

Potimarron au bain-marie

« Potimarron » au ban-mario

Pour 6 personnes

3 potimarrons de 1 kg
10 cl de crème fraîche
1 noix de beurre
Fromage râpé
Sel, poivre

Coupez les potimarrons en deux, ôtez les graines du centre et les replacer par deux cuillerées à café de crème fraîche. Salez et poivrez.
Ajoutez une noix de beurre et du fromage râpé.
Cuisez au four au bain-marie 15 à 20 minutes environ.

Délicieux, a le goût de châtaigne, en plus de sa richesse en vitamines et oligo-éléments.

Yvette Marino, Ferme Le chapitre, Vitrolles en Luberon

Ratatouille

Ratatouio

Pour 6 personnes

500 g d'aubergines
500 g de courgettes
1 kg de tomates
1 poivron rouge ou jaune
1 poivron vert
1 poignée d'olives noires
2 gousses d'ail
2 oignons
1 bouquet de basilic
1 feuille de laurier
1 branche de thym
1 demi verre d'huile d'olive
Sel, poivre

Peler les tomates, les épépiner et les couper en morceaux. Couper en gros dés les courgettes et les aubergines. Équeuter les poivrons, les épépiner et les couper en lanières. Dans une grande sauteuse, faire revenir les oignons dans l'huile, lorsqu'ils commencent à blondir, ajouter et faire dorer les aubergines et les courgettes, puis les poivrons, les tomates, le laurier, le thym, l'ail écrasé, le sel et poivre. Laisser mijoter une heure, sauteuse couverte.

Ajouter les olives et le basilic ciselé.

La rencontre gourmande des légumes-fruits de la terre de Provence !

Ratatouille « diététique » au four

Ratatouio dietetico au four

Pour 4 personnes

2 aubergines
3 courgettes
1 pomme de terre
3 tomates
1 gousse d'ail
1 oignon
1 branche de thym
2 ou 3 brins de persil
3 cuillerées à soupe d'huile d'olive
Sel, poivre

Coupez tous les légumes en dés de 1 cm de côté, coupez l'oignon en rondelles.
Versez le tout dans un plat à four huilé.
Salez, poivrez, émiettez le thym, et ajoutez une gousse d'ail écrasée.
Arrosez d'huile d'olive.
Bien mélanger les légumes entre eux avec une grosse cuillère.
Faites cuire à four moyen pendant 30 minutes.
Recouvrez le plat avec une feuille d'aluminium pour les 10 dernières minutes.

Saupoudrez le persil haché avant de servir.

Diététique, complet et bon !

Francine et Paul Lanteri, Maraîchers Le Père Eternel, Hyères

Risotto de petit épeautre

Risotto d'espèuto

<u>Pour 6 personnes</u>

400 g de petit épeautre
1 kg de tomates
3 carottes
1 gros poireau
100 g de lardons
2 gousses d'ail
2 oignons
1 bouquet garni
Huile d'olive
Sel, poivre

Dans un faitout, faire dorer à l'huile d'olive, les oignons émincés et le petit épeautre.
Ajouter les tomates pelées et épépinées, un litre et demi d'eau, le sel, le poivre et le bouquet garni.
Laisser cuire une demi-heure à feu doux puis ajouter les lardons, les carottes coupées en bâtonnets, le poireau émincé, les gousses d'ail écrasées.

Laisser mijoter encore une heure en remuant de temps en temps.

Plat apprécié des gourmets et pratique pour la cuisinière, tout dans le même récipient !

Bernard Bonnefoy, producteur de petit épeautre Le Seigneur, Sault

Riz à la Provençale

Ris à la prouvençalo

<u>Pour 5 personnes</u>

300 g de riz
1 aubergine ferme et brillante
1 à 2 courgettes
1 poivron rouge ferme et bien coloré
4 tomates mûres
1 oignon
Herbes de Provence (thym, romarin, marjolaine)
Huile d'olive
Sel, poivre

Dans un faitout, faire dorer l'oignon émincé à l'huile d'olive, ajouter l'aubergine et la courgette non épluchées et coupées en gros dés, le poivron coupé en petits morceaux puis les tomates pelées, épépinées et concassées.
Assaisonner et mettre les herbes de Provence.
Laisser mijoter à feu doux et à couvert pendant 30 minutes.
Ajouter le riz et 60 centilitres d'eau bouillante.

Cuire à feu doux l'ensemble pendant 20 minutes.

Des saveurs de ratatouille en plus consistant !

Riz de Camargue aux langoustines

Ris de Camargo i carambot

Pour 6 personnes

300 g de riz de Camargue
12 langoustines
1 verre de coulis de tomates
1 gousse d'ail
1 oignon
1 bouquet garni
1 demi verre de vin blanc sec
Huile d'olive
Sel, poivre

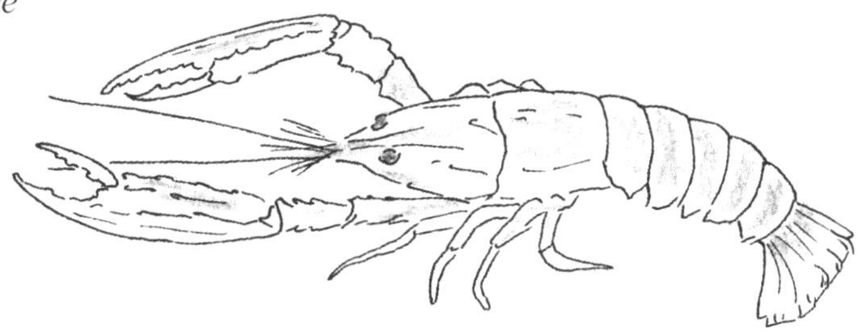

Dorer légèrement les langoustines décortiquées dans 2 cuillerées d'huile, les retirer et les réserver au chaud.
Dans la même huile, faire revenir l'oignon émincé, ajouter le coulis de tomates, l'ail écrasé, le bouquet garni, le vin blanc.
Saler et poivrer.
Couvrir avec trois quarts de litre d'eau et laisser cuire doucement pendant 20 minutes.
Pendant ce temps, chauffer 2 cuillerées d'huile.
Verser le riz sec, remuer, ne pas le laisser prendre de couleur mais attendre que le riz absorbe l'huile.
Retirer le bouquet garni du bouillon et mouiller le riz.
Couvrir immédiatement et cuire à très faible ébullition jusqu'à l'absorption complète du liquide.
Découvrir, laisser encore quelques instants sur un tout petit feu.

Avant de servir, garnir le riz avec les langoustines.

Vous pouvez également préparer ce plat avec de grosses crevettes.

Robert Bon, Bongran Rizerie du Petit Manusclat, Le Sambuc

Socca

Pour 6 personnes

250 g de farine de pois chiches
Huile d'olive
Sel, poivre

Délayer la farine avec de l'eau froide salée, ajouter 2 cuillerées à soupe d'huile d'olive.
La pâte doit avoir la consistance d'une pâte à beignets ou d'une crêpe un peu épaisse.
Laisser reposer environ 2 heures.
Dans le four chauffer intensément une plaque à four recouverte de 8 cuillerées à soupe d'huile d'olive.
Écumer la pâte et la verser sur la plaque en la mélangeant à l'huile chaude.
Étaler sur une épaisseur inférieure à 4 millimètres et remettre au gril à feu vif.
Lorsque cesse le bouillonnement, la croûte de 8 à 10 millimètres est dorée.
Sortir la plaque à four, découper des bandes et saupoudrer de poivre.
Se mange chaud.

Simple, croustillant et sans levure, ça marche !

Producteurs de pois chiches du Poulagnier, Rougiers

Tarte à la tomate

Tarto à la poumo d'amour

Pâte brisée
500 g de tomates
200 g de fromage en lamelles
100 g de fromage râpé
1 branche de thym
Chapelure
Moutarde
Huile d'olive
Sel, poivre

Peler les tomates, les épépiner et les couper en rondelles épaisses.
Étendre la pâte brisée dans un moule à tarte, badigeonner une bonne épaisseur de moutarde sur le fond de tarte.
Disposer ensuite les lamelles de fromage, les couvrir avec les rondelles de tomates, saler et poivrer.
Saupoudrer le fromage râpé et le thym émietté sur la tarte.
Verser un filet d'huile d'olive.

Mettre à four chaud pendant 40 minutes.

Une entrée plus simple et meilleure que la pizza !

Tarte à l'oignon

Tarto i cebo

1 kg d'oignons
1 œuf
1 poignée de fromage râpé
1 demi verre de lait
muscade
Huile d'olive
Sel poivre

Pâte

150 g de farine
1 œuf
1 demi sachet de levure de boulanger
2 cuillerées à soupe d'huile d'olive

Faire une pâte homogène avec les ingrédients ci-dessus et de l'eau chaude.
Laisser reposer quelques heures, la pâte doit doubler de volume.
Pendant ce temps, faire revenir les oignons coupés en lamelles fines dans une cocotte arrosée d'huile d'olive. Laisser cuire à l'étouffée sur feu doux une à deux heures.
Ajouter ensuite l'œuf, le fromage râpé, le lait, la muscade, le sel et le poivre.
Foncer un moule, verser le tout sur la pâte.
Mettre à four moyen pendant 45 minutes.

Une tarte réconfortante et douce !

Mireille Grangier, Ferme « Le Mas de Mireio », Le Thor

Tarte aux courgettes

Tarto i coucourdeto

<u>Pour 4 personnes</u>

Pâte brisée ou feuilletée
4 courgettes moyennes
2 œufs
1 gousse d'ail
1 oignon
20 cl de crème fraîche
Fromage râpé
Sel, poivre

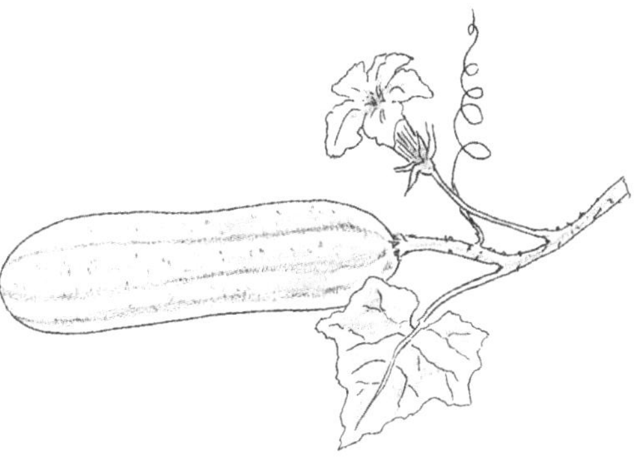

Dans une cocotte, faire revenir l'oignon émincé, l'ail écrasé, puis ajouter les courgettes coupées en rondelles fines.
Saler et poivrer.
Faire cuire 10 minutes à l'étouffé, en remuant de temps en temps.
Étaler la pâte dans un moule à tarte.
Battre les œufs en omelette avec la crème, et mélanger le tout avec les courgettes.
Verser la préparation sur la pâte, saupoudrer de fromage râpé.
Faire cuire 30 minutes à four chaud.

Un accompagnement doux et digeste !

Francine et Paul Lanteri, Maraîchers Le Père Eternel, Hyères

Tarte aux asperges

Tarto is espargo

Pâte brisée
400 g de petites asperges vertes
Fromage râpé
Sel, poivre

Sauce béchamel

1 œuf
50 g de farine
50 g de beurre
1 verre de lait
Muscade

Commencer par faire blanchir quelques minutes les asperges, réserver un verre d'eau de cuisson.
Passer les asperges à l'eau fraîche et les égoutter.

Préparation de la béchamel assez épaisse

Faire fondre le beurre, lui incorporer la farine, diluer petit à petit avec le lait tiède et l'eau de cuisson réservée, saler, poivrer et mettre un peu de muscade. Laisser frémir 8 à 10 minutes à feu doux, ajouter l'œuf battu en fin de cuisson.

Foncer un moule à tarte, étaler la béchamel et disposer les asperges dessus, les pointes au centre de la tarte.
Recouvrir de fromage râpé.

Mettre à four moyen pendant 40 minutes environ.

Les asperges cuites à la vapeur, c'est encore mieux pour cette tarte parfumée et moelleuse !

Jeanine Chabran, Domaine « L'Oustau des Lecques »,
Vacqueyras

Tarte aux poivrons

Tarto i pebroun

Pâte brisée
3 beaux poivrons rouges
1 à 2 tomates
3 œufs
Noix de muscade
1 cuillerée à café de farine
1 demi verre de vin blanc
100 g de fromage râpé
Sel, poivre

Peler les tomates, les épépiner et les couper en quartiers. Mixer dans un bol mélangeur les poivrons débarrassés de leurs graines avec les œufs, la farine, le vin blanc, le fromage et la muscade.
Saler, poivrer.
Étaler la pâte dans un moule et verser la préparation dessus.
Décorer avec des quartiers de tomates.

Mettre à four moyen 30 minutes.

Une tarte anti-anémie facile à réaliser, au goût savoureux étonnant !

Anne-Marie Invernizzi, Ferme chemin Madeleine,
L'Isle-sur-la-Sorgue

Tarte de la Crau

Tarto cravenco

Pâte feuilletée
2 petites aubergines
2 à 3 tomates
2 petits fromages de chèvre crémeux
Herbes de Provence sèches
Huile d'olive
Sel, poivre

Peler les tomates, les épépiner et les couper en rondelles. Étaler la pâte feuilletée dans un plat à tarte, la recouvrir avec les rondelles de tomates, saler, poivrer.
Mettre à four moyen 10 minutes.
Pendant ce temps faire frire à l'huile d'olive des tranches d'aubergine, les éponger pour retirer le maximum d'huile.
Sortir la tarte du four et ajouter les tranches d'aubergine.
Garnir chaque tranche d'un morceau de fromage de chèvre crémeux.
Saupoudrer d'herbes de Provence.

Remettre au four 10 minutes.

Une tarte ensoleillée aux senteurs de la Crau !

Claudine Malbosc, éleveur caprin Mas Doutreleau,
Saint-Martin-de-Crau

Tian aux légumes d'été

Tian de lieùme d'estiéu

Pour 5 personnes

1 grosse aubergine
2 courgettes
3 pommes de terre moyennes
3 belles tomates bien mûres
2 oignons
1 petit bouquet de thym
Huile d'olive
Sel, poivre

Coupez les légumes en fines tranches.
Dans un tian, mettez 3 cuillerées d'huile d'olive, puis les différentes couches de légumes : Une couche d'oignons, puis de pommes de terre, d'aubergine, de courgettes et de tomates.
Chaque couche sera légèrement salée, poivrée, saupoudrée de thym émietté.
Continuez jusqu'à épuisement des légumes, terminez par les tranches de tomates et deux cuillerées d'huile d'olive.
Faites cuire à four chaud, pendant 40 minutes.

Servez ce tian coloré et parfumé avec une viande rôtie.

Francine et Paul Lanteri, Maraîchers Le Père Eternel, Hyères

Tian d'aubergines

Tian de merinjano

Pour 6 personnes

4 grosses aubergines
10 tomates
200 g de lardons fumés
3 gousses d'ail
3 oignons
1 bouquet de persil
Huile d'olive
Sel, poivre

Coupez les aubergines dans le sens de la longueur, saupoudrez de gros sel et faites-les dégorger pendant 30 minutes. Épongez les aubergines et faites-les revenir à l'huile d'olive.
Hachez finement les oignons, puis faites-les rissoler avec les lardons coupés en dés, dans 2 cuillerées d'huile d'olive, à feu très doux, sans les laisser colorer.
Mixez les gousses d'ail avec le persil.
Tapissez le tian d'une couche d'aubergines puis parsemez un peu de mélange d'oignons et de lardons, puis d'ail et de persil.
Recouvrez d'une couche de tomates en rondelles.
Salez légèrement et poivrez.
Recommencez ainsi jusqu'à épuisement des légumes.

Faites cuire à four chaud pendant environ une heure.

Ce tian est apprécié des gourmets pour ses couches aux saveurs variées et goûteuses.

Jacqueline Roux, Chambres d'hôtes Le Mas de L'Esparou,
Les Baux de Provence

Tian de courgettes et tomates

Tian de coucourdeto e poumo d'amour

Pour 8 personnes

5 courgettes
6 tomates
2 oignons
Cumin
Herbes de Provence
Huile d'olive
Sel, poivre

Arroser d'huile d'olive un tian, ajouter l'oignon émincé. Placer dans le tian chaque courgette l'une à coté de l'autre coupée en rondelles, laisser un espace entre chaque rondelle.
Couper les tomates en tranches et les disposer entre chaque rondelle de courgette.
Saler, poivrer, saupoudrer d'herbes, de cumin et ajouter un filet d'huile d'olive.
Attendre un moment que la courgette dégorge pour assurer une meilleure cuisson.
Mettre à four moyen une heure.

Penser de temps en temps à appuyer sur les courgettes pour aspirer le jus de cuisson.

Du goût et des couleurs !

Laurence Gimbert, Ferme-Auberge « Lou Manescau », Mazan

Tian de courgettes et oignons

Tian de coucourdeto e cebo

Pour 6 à 8 personnes

1,5 kg de courgettes
800 g d'oignons
250 g de sauce tomates concassées au basilic
Sel, poivre

Couper les courgettes en rondelles. Mettre dans une cocotte avec un peu d'huile les oignons hachés, ajouter les courgettes, saler et poivrer.
Couvrir et porter sur le feu de 30 à 45 minutes afin d'obtenir une fondue de légumes.
Quand les courgettes et les oignons sont cuits, verser dans un tian.
Bien égaliser et ensuite répartir uniformément la sauce tomate sur les courgettes.
Mettre à four doux 30 minutes.

Pour les amateurs d'oignonade !

Josette Morard, Ferme-Auberge La Grange de Papé, Caromb

Tian de haricots blancs lingots frais

Tian de faioù blanc fres

Pour 6 personnes

500 g de haricots blancs lingots frais
1 morceau de découvert de porc (Dessus des côtes)
6 carottes
1 branche de céleri
2 oignons
8 brins de sauge
Sel, poivre

Couper les carottes en 4 dans le sens de la longueur.
Les mettre dans un faitout avec les haricots et le céleri.
Saler et poivrer, bien couvrir d'eau et laisser cuire 45 minutes.
Pendant ce temps, braiser (cuire longuement à couvert) le morceau de porc, puis faire revenir les oignons émincés dans le jus de viande.
Passer les légumes, réserver le bouillon et mettre les légumes dans un tian.
Enfoncer la viande dans les haricots et recouvrir le tout de bouillon.
Planter les brins de sauge en les répartissant sur le tian.
Mettre à four chaud pendant 3 heures.

Le tian traditionnel de la saint Maurice, anti-anémie et qui fournit une énergie durable !

Tian de haricots blancs lingots secs

Tian de faioù blanc se

Même recette que précédemment, faire tremper les haricots pendant 24 heures et les cuire 1 heure 15 dans le faitout au lieu de 45 minutes.

Josette Morard, Ferme-Auberge La Grange de Papé, Caromb

Tomates provençales

Li poumo d'amour prouvençalo

<u>Pour 4 personnes</u>

8 tomates
4 gousses d'ail
1 branche de thym
Chapelure
Huile d'olive
Sel, poivre

Ôter le chapeau des tomates, les disposer dans un plat arrosé d'huile d'olive.
Parsemer chaque tomate de petits morceaux d'ail, de thym émietté, de sel et de poivre.
Saupoudrer de chapelure.

Mettre une heure à four moyen.

Un grand classique de Provence aimé de tous !

Mireille Grangier, Ferme « Le Mas de Mireio », Le Thor

Topinambours à la provençale

Li patanoun à la prouvençalo

1 kg de topinambours
1 gousse d'ail
1 bouquet de persil
1 branche de céleri
2 cubes de bouillon de volaille
Huile d'olive
Sel, poivre

Préparer un litre de bouillon de volaille dans une casserole, ajouter le céleri grossièrement haché.
Couper les topinambours en épaisses rondelles et les couvrir tout juste de bouillon.
Assaisonner légèrement.
Laisser cuire à découvert jusqu'à l'évaporation de l'eau.

Égoutter les topinambours et les faire sauter à l'huile d'olive dans une poêle avec l'ail écrasé et le persil haché.

L'épluchage du topinambour est fastidieux mais vous êtes grandement récompensés par un plat à la saveur délicate de fond d'artichauts.

Tomates provençales confites

Li poumo d'amour counfido

Pour 4 personnes

4 tomates
2 gousses d'ail
1 petit bouquet de persil
4 cuillerées à soupe de chapelure
4 cuillerées à café de crème fraîche épaisse
4 cuillerées à soupe d'huile d'olive
Sucre en poudre
Sel, poivre

Couper les tomates en deux, les épépiner, les disposer dans un plat et les saupoudrer de sucre.
Verser une demie cuillerée à café de crème fraîche dans chaque moitié de tomate.
Mélanger la chapelure avec l'ail et le persil mixés, ajouter ensuite l'huile d'olive pour lier ce mélange.
Remplir les moitiés de tomates de cette préparation, saler et poivrer. Mettre au four une demi-heure.
Quand les tomates commencent à caraméliser, c'est prêt !

Un délice qui nous vient de Mamie Jeanine !

Laurence Gimbert, Ferme-Auberge « Lou Manescau », Mazan

Pâtes fraîches au safran

Li pasto ensafranado

<u>Pour 6 personnes</u>

500 g de pâtes fraîches
Quelques filaments de safran
Herbes de Provence
1 tasse de lait
Huile d'olive
Sel, poivre

<u>Préparation de la sauce safranée la veille</u>

Saupoudrer les filaments de safran en les émiettant entre vos doigts dans la tasse de lait.

Réserver le lait safrané au réfrigérateur pendant 24 heures.

<u>Le jour même</u>

Verser les pâtes dans de l'eau bouillante salée, les faire cuire « al dente » 2 à 3 minutes.

Ajouter après égouttage les herbes de Provence, un filet d'huile d'olive et la sauce safranée préparée la veille.

Saler, poivrer.

Ce mariage de la simplicité et du roi des condiments se consomme chaud ou froid.

René Burle, producteur de safran, Saint-Martin-de-Brômes

Ravioles à la brousse

Raviolo à la brousso

Pour 6 personnes (2 ravioles par personne)

400 g de farine
200 g d'épinards
3 œufs
1 brousse de 250 g
Sel, poivre

Disposez la farine en fontaine, ménagez un puits et versez les jaunes d'œufs, une pincée de sel, un peu d'eau.
Pétrissez jusqu'à l'obtention d'une pâte homogène, laissez-la reposer une heure au frais.
Cuisez les épinards à l'eau, puis hachez-les.
Mélangez la brousse aux épinards, salez, poivrez.
Étalez la pâte à l'aide d'un rouleau, découpez des carrés de pâtes de 10 centimètres de côté.
Disposez sur une moitié de carré une cuillerée du mélange brousse épinards, recouvrez avec l'autre moitié, soudez les bords.
Plongez les ravioles dans de l'eau bouillante, ils vont au fond, quand ils sont presque cuits, ils remontent à la surface, attendez 4 minutes et sortez-les.

Servez-les chauds accompagnés d'un coulis de tomates cru.

Le froid et le chaud associés au dernier moment c'est un peu le sucré et le salé, le doux et l'épicé !

Erick Vedel, Maître Cuisinier Provençal, Arles

Ravioles de chèvre aux olives vertes

Raviolo de cabro is óulivo verdo

<u>Pour 4 personnes</u>

400 g de fromage de chèvre crémeux
200 g de concassé de tomates
150 g d'olives vertes
1 gousse d'ail
2 échalotes
2 branches de thym
10 cl de vinaigre de xérès
10 cl d'huile d'olive
Sel, poivre

<u>Pâte à ravioles</u>

300 g de farine de sarrasin
1 œuf + 1 jaune d'œuf
Huile d'olive, sel

Faire la pâte à raviole en mélangeant la farine, l'œuf complet, le jaune d'œuf, une cuillerée à soupe d'huile d'olive, un peu d'eau et le sel. Laisser reposer une heure.
Aromatiser le fromage avec une échalote émincée, la gousse d'ail écrasée, le thym émietté, l'huile d'olive, saler et poivrer.
Former les ravioles en étalant la pâte sur 2 millimètres d'épaisseur, la détailler à l'aide d'un emporte pièce rond de 5 à 6 centimètres de diamètre.
Les garnir d'une cuillerée à café de fromage et replier la pâte en deux sur elle-même en pressant les extrémités pour revenir à 2 millimètres d'épaisseur.
Plonger les ravioles dans de l'eau bouillante salée pendant 5 minutes environ.
Chauffer le concassé de tomates et ajouter le vinaigre, l'huile d'olive, le sel et le poivre.
Juste avant de servir ajouter les olives dénoyautées, le thym restant et une échalote émincée.

Servir en assiettes creuses.

Le terroir provençal dans l'assiette !

Auberge de Noves, Noves

Crespeù

Pour 8 personnes

16 œufs
1 verre d'épinards hachés
1 petite boite de concentré de tomates
1 verre d'olives noires mixées
Sel, poivre

Cuisiner quatre omelettes baveuses :
une omelette rouge à la tomate,
une omelette verte aux épinards,
une omelette jaune nature,
une omelette noire aux olives.
Les disposer successivement dans un moule à cake que l'on recouvre de papier aluminium.
Faire cuire une heure et demi au bain-marie à feu moyen.
Tasser ensuite les omelettes dans le moule et laisser refroidir une journée.

Démouler et découper au moment de servir.

Cette spécialité comtadine de toutes les couleurs est un régal avec la sauce tomate ail-basilic !

Maryse et Ghislaine Jean, Ferme-Auberge « L'Houmet »,
Monteux

Œufs à la provençale

Lis iòu a la prouvençalo

Pour 4 personnes

4 œufs
2 tomates
1 à 2 courgettes
1 verre de sauce tomate
Huile d'olive
Sel, poivre

Couper les tomates en deux et les courgettes en rondelles. Faire revenir l'ensemble à l'huile d'olive environ 15 minutes à feu doux.

Disposer les demies tomates dans un plat chaud, les entourer de rondelles de courgettes.

Faire frire les œufs et les poser sur les tomates.

Napper les courgettes de sauce tomate et assaisonner le tout.

Des œufs sur nid de tomate !

Annie Laurent, Manade Mas Les Marquises, Salin-de-Giraud

Omelette aux tomates

Gargameù o meleto i poumo d'amour

Pour 4 personnes

8 œufs
4 tomates
2 gousses d'ail
1 oignon
2 à 3 feuilles de basilic
Huile d'olive
Sel, poivre

Peler les tomates, les épépiner et les couper en petits dés. Faire revenir l'oignon émincé dans l'huile d'olive, lorsqu'il commence à blondir ajouter l'ail écrasé, le basilic ciselé et la tomate.
Assaisonner et remuer quelques minutes.
Couvrir et laisser mijoter à feu doux 10 minutes en remuant de temps en temps.
Casser les œufs dans une jatte, assaisonner et les fouetter en omelette.
Verser l'omelette dans une grande poêle contenant de l'huile chaude tout en remuant le fond à la cuillère en bois.
Lorsque les bords de l'omelette sont secs et que le centre est encore baveux, répartir la tomate sur l'omelette.
La faire glisser sur un plat en la repliant sur elle-même.

La sauce tomate rend l'omelette plus digeste.

Omelette à l'arlésienne

Meleto à l'arlatenco

Même recette que l'omelette aux tomates, en ne mettant que la moitié de tomates et en ajoutant deux petites aubergines coupées en petits dés.

Omelette aux asperges

Meleto is espargo

Pour 6 personnes

500 g d'asperges
12 œufs
80 g de fromage râpé
150 g de crème fraîche épaisse
Sel, poivre

Peler, laver, ébouillanter et égoutter les asperges, couper les pointes et les réserver.

Préparer une crème en mixant les queues, le fromage et la crème fraîche, saler et poivrer.

Verser la préparation dans une casserole, ajouter les pointes vertes et laisser au feu jusqu'à épaississement.

Préparer une omelette de 2 œufs par personne, ajouter 2 cuillerées à soupe de préparation dès que l'omelette commence à prendre.

Plier l'omelette en deux et servir.

Cette omelette fourrée et parfumée est toujours redemandée !

Laurence Gimbert, Ferme-Auberge « Lou Manescau », Mazan

Omelette d'artichauts

Meleto de cachofle

Pour 4 personnes

1 kg d'artichauts
5 œufs
4 petits oignons frais
1 citron
Huile d'olive
Sel, poivre

Cassez la queue des artichauts, enlevez les grosses feuilles extérieures et coupez les feuilles restantes à mi-hauteur pour ne conserver que la partie tendre des feuilles.
Partagez le fond en deux pour enlever le foin, arrosez-les de citron, et coupez-les en fines lamelles.
Émincez les oignons, et faites-les dorer avec les artichauts dans un peu d'huile d'olive, continuez à feu doux et à couvert, jusqu'à ce que les artichauts soient tendres.
Salez, poivrez.
Battez les œufs en omelette, ajoutez les légumes.
Faites cuire votre omelette 3 à 4 minutes de chaque côté.

Dégustez cette omelette à votre convenance chaude ou froide.

Francine et Paul Lanteri, Maraîchers Le Père Eternel, Hyères

Omelette aux truffes

Meleto de rabasso

Pour 5 personnes

11 œufs
1 truffe du Vaucluse
Huile d'olive
Sel

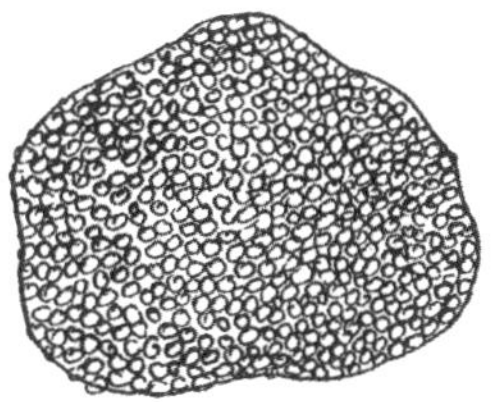 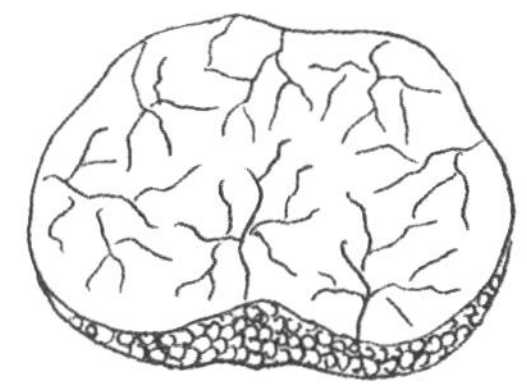

La veille

Casser les œufs dans une jatte, assaisonner et fouetter.
Brosser la truffe pour la nettoyer.
La râper sur les plus petits trous d'une râpe à fromage.
Mélanger à la fourchette, en la tenant bien haute.
Couvrir la jatte avec une assiette et conserver au frais.

Le jour même

Dans une grande poêle chauffer l'huile d'olive 2 à 3 minutes, verser l'omelette tout en remuant le fond à la cuillère en bois. Lorsque les bords de l'omelette sont secs et que le centre est encore baveux, la faire glisser sur un plat.
Plier l'omelette en trois : replier les bords jusqu'au centre et ensuite replier l'omelette sur elle-même.

Cette présentation « portefeuille » est plaisante à l'œil et conserve bien l'arôme de la truffe. En préparant la veille vous accentuez la pénétration de l'arôme au cœur de l'œuf.
Les Provençaux préfèrent cette omelette avec une bonne huile d'olive de Provence, à défaut, utilisez de l'huile de tournesol.

Robert Chassillan, Ferme-Auberge Les Esfourniaux,
Lagarde d'Apt

Barigoule de rougets

Berigoulo de rouget

Pour 4 personnes

8 filets de rougets
4 carottes
2 courgettes
2 navets
1 branche de fenouil
Huile d'olive de la vallée des Baux
Grains de fleur de sel de Camargue

Cuisson des légumes à la vapeur

Coupez les carottes, les courgettes et les navets en bâtonnets, ajoutez le fenouil dans l'eau de cuisson et faites cuire à la vapeur.

Préparation des rougets

Levez les filets de rougets et faites-les griller 4 minutes côté chair et 1 minute côté peau.
Disposez-les dans l'assiette, avec les légumes autour.
Arrosez d'huile d'olive.
Saupoudrez de quelques grains de fleur de sel.

Les bâtonnets de légumes accompagnent la chair fine et légère des rougets.

Erick Vedel pour le Moulin à Huile Saint-Michel,
Vallée des Baux, Mouriès

Bouillabaisse

Lou boui-abaisso

Pour 6 à 8 personnes

1 kg de poissons à chair tendre
1 kg de poissons à chair ferme
500 g de tomates
6 petites pommes de terre
6 gousses d'ail
2 oignons
2 blancs de poireaux
1 bouquet de fenouil
2 feuilles de laurier
2 g de safran
2 verres de vin blanc
1 verre d'huile d'olive
Sel, poivre

Sauce : *Rouille et/ou aïoli*

Choisir un mélange de poissons à chair ferme et de poissons à chair tendre.
Nettoyer et couper les poissons en morceaux, les laver.
Peler les tomates, les épépiner et les couper en morceaux.
Faire revenir dans l'huile les blancs de poireaux et les oignons finement émincés, lorsqu'ils commencent à blondir, ajouter l'ail écrasé, les tomates, les pommes de terre, le vin blanc, les aromates et le reste d'huile.
Saler et poivrer.
Bien mélanger le tout et incorporer les poissons à chair ferme, mouiller avec un litre et demi d'eau bouillante pour couvrir l'ensemble des ingrédients, cuire à gros bouillons pendant 7 minutes.
Ajouter les poissons à chair tendre et continuer de cuire à gros bouillons pendant 7 à 10 minutes.
Passer le bouillon qui sera servi à part avec des croûtons et la rouille.

Réserver le poisson et les légumes sur un plat chaud.

Préparer des tranches de pain grillées à disposer dans les assiettes arrosées d'un filet d'huile d'olive ou à laisser à disposition dans une corbeille, dans ce cas chacun met à sa convenance aïoli ou rouille sur sa tranche de pain pour déguster bouillon et poisson.

La cuisson à gros bouillons favorise le mariage de l'huile et de l'eau.

La bouillabaisse de Janine et Marcel

Lou boui-abaisso de Janino e Marceù

Pour 8 personnes

2 l à 2,5 l d'eau pour le bouillon
1 kg de poisson de roche :
Girelle, saran, rascasse, roucaou...
1 kg à 1,5 kg de poissons à pocher dans le bouillon : chapon (rascasse), saint-pierre, baudroie, congre, galinette (grondin), vives (araignées)
3 tomates
2 à 3 gousses d'ail
2 oignons
2 à 3 dosettes de safran ou fleur de safran
1 bouquet garni
Pain rassis
Fromage râpé
1 verre à liqueur de pastis
1 verre d'huile d'olive
Sel, poivre

Sauce : *Rouille*

Dans une sauteuse, faire revenir à l'huile d'olive les oignons émincés, les tomates pelées et épépinées, l'ail écrasé, le safran et le bouquet garni.
Puis ajouter le petit poisson de roche, et le plus de Janine : un verre à liqueur de pastis.
Saler et poivrer.
Couvrir d'eau et maintenir à ébullition de 15 à 20 minutes.
Passer le tout dans un moulin à légumes, surtout pas de mixeur, et tamiser le bouillon.
Mettre le poisson à pocher de 15 à 20 minutes dans le bouillon en commençant par le plus gros.
Pendant la cuisson, couper des tranches de pain rassis, les frotter à l'ail, les enduire de rouille et les couvrir éventuellement de fromage râpé.
Disposer le pain dans les assiettes et verser le bouillon dessus.
Servir le poisson entier suivant l'appétit de chacun.

Recette inspirée du jeune temps de Marcel : La bouillabaisse au gré des prises « sur le bateau-pêcheur » !

Janine et Marcel Richarte, Poissonniers, Marseille

Bourride

Bourrido

Pour 5 personnes

1 kg de poissons blancs
1 oignon
5 jaunes d'œufs
1 bouquet garni (fenouil, laurier, persil, thym)
5 tranches de pain grillées
Huile d'olive
Sel, poivre

Sauce : *Aïoli*

Nettoyer et couper les poissons en tranches de 3 centimètres.
Disposer le poisson, l'oignon et le bouquet garni dans un récipient large.
Arroser d'un filet d'huile d'olive, couvrir à fleur le poisson d'eau chaude, environ 2 litres.
Assaisonner et cuire le poisson 15 minutes dans l'eau frémissante et non bouillante.
Réserver délicatement le poisson au chaud, passer le bouillon.
Répartir le pain grillé dans un plat et l'imbiber du bouillon de cuisson.

Préparation de la sauce d'accompagnement

Mélanger un bol d'aïoli avec les jaunes d'œufs et verser le mélange dans une casserole.
Incorporer petit à petit le bouillon restant en tournant régulièrement avec une cuillère en bois.
Chauffer à feu doux, surtout sans faire bouillir, tout en remuant jusqu'à ce que le mélange s'épaississe et nappe la cuillère en bois.

Verser sur le pain grillé.

Quelques fois appelée « la petite bouillabaisse ».

Brandade de morue

Merlusso en brandado

Pour 6 personnes

1 kg de morue
1 gousse d'ail
1 oignon
2 feuilles de laurier
Quelques feuilles de sauge
Croûtons de pain grillé
1 verre de lait tiédi
1 verre et demi d'huile d'olive tiédie
Poivre

La veille

Dessaler la morue à l'eau froide en changeant d'eau plusieurs fois.

Le jour même

Disposer la morue dessalée avec l'oignon, le laurier et la sauge dans une casserole d'eau froide.
Mettre à feu doux et lorsque l'eau frémit, arrêter le feu et laisser la morue dans l'eau à couvert 10 minutes.
Retirer les arrêtes et le cartilage de la morue. Il est préférable de laisser la peau pour une meilleure onctuosité de la brandade. Émietter le plus possible la chair et commencer à l'écraser avec la peau à l'aide d'une cuillère en bois.
Ajouter l'ail écrasé et continuer à « remuer » vigoureusement la morue en faisant couler petit à petit l'huile d'olive.
Lorsque la morue et l'huile sont bien mélangées, poivrer et verser le lait tiède en « remuant » jusqu'à l'obtention d'une purée.

Dresser la brandade en pyramide avec des croûtons de pain grillé.

La vraie brandade ne contient pas de pommes de terre et demande beaucoup « d'huile de coude ». Mais elle est tellement meilleure !

Ecrevisses à la provençale

Li Chambre à la prouvençalo

Pour 4 personnes

1 kg d'écrevisses
1 carotte
2 tomates
1 gousse d'ail
1 oignon
1 petit bouquet de persil
1 bouquet garni
1 demi verre de cognac
1 verre de vin blanc sec
Huile d'olive
Sel, poivre

Faire revenir l'oignon émincé et la carotte finement hachée dans un fond d'huile d'olive.
A feu fort, ajouter les écrevisses vivantes et les remuer régulièrement pendant 2 minutes afin qu' elles prennent toutes une couleur bien rouge.
Flamber au cognac.
Ajouter ensuite le vin blanc, les tomates pelées, épépinées et hachées assez finement, l'ail et le persil hachés, le bouquet garni, sel et poivre du moulin.
Laisser cuire 6 à 8 minutes.

Les écrevisses ayant jeûné, il est inutile de les châtrer.

Ribas, Pisciculteur Les Sources du Gapeau, Signes

Ecrevisses en persillade

Li chambre en sausso au juvert

<u>Pour 4 personnes</u>

1 kg d'écrevisses
1 gousse d'ail
1 bouquet de persil
1 demi verre de cognac
Huile d'olive
Sel, poivre

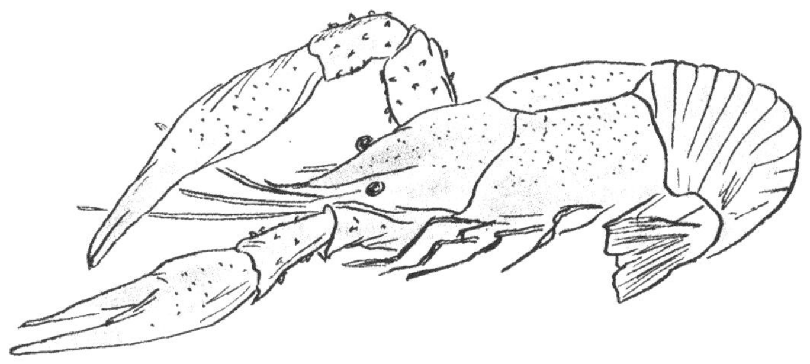

Faire chauffer un fond d'huile d'olive dans une sauteuse. A feu fort, ajouter les écrevisses vivantes, remuer régulièrement pendant 2 minutes afin que les écrevisses prennent toutes une couleur bien rouge.
Ajouter le sel, le poivre du moulin, l'ail et le persil hachés.
Laisser cuire 6 à 8 minutes.

Flamber au cognac.

N'oubliez pas la chair des pinces, à défaut de quantité, elles renferment une grande saveur gustative.

Ribas, Pisciculteur Les Sources du Gapeau, Signes

Encornets farcis

Li tóuteno farcido

Pour 6 personnes

6 beaux encornets
1 talon de jambon
1 boite de champignons
Quelques olives vertes dénoyautées
2 verres de coulis de tomates
Huile d'olive
Sel, poivre

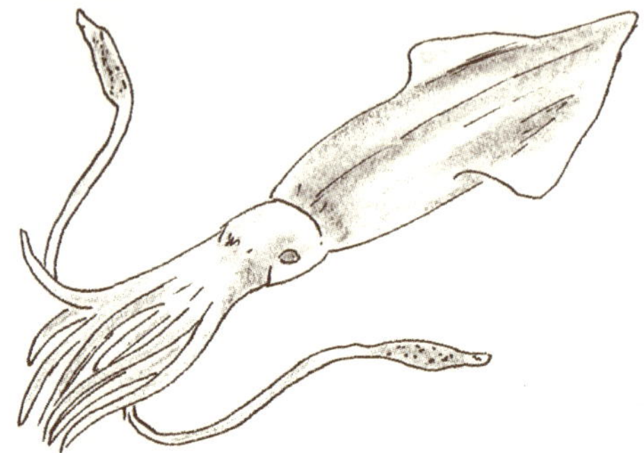

Nettoyer les encornets, garder les tentacules et les ailerons pour la farce.
Faire revenir rapidement les encornets à l'huile d'olive, les réserver.
Hacher menu le jambon, les olives, les champignons, les tentacules et les ailerons.
Assaisonner la farce.
Farcir les encornets sans forcer et les fermer avec une pique en bois.

Faire cuire dans la sauce tomate au basilic à four moyen une heure et demi ou à la cocotte à feu doux une demi-heure.

Une enveloppe de bonne chair pour une bonne farce !

Geneviève Viallard, poissonnerie Armand,
Saintes-Marie-de-la-Mer

Escargots à la provençale

Cacalauso à la prouvençalo

Pour 4 personnes

60 escargots petits gris natures à l'eau
(Marius Blanc de Cabannes)
4 gousses d'ail
1 bouquet de persil
1 petite poignée d'herbes de Provence séchées
(Thym, romarin, marjolaine)
Huile d'olive

Laver et hacher finement le persil, peler et écraser l'ail.
Répartir les escargots dans un caquelon à trous.
Les couvrir d'un filet d'huile d'olive, du persil et de l'ail.
Saupoudrer les aromates séchés qui formeront avec l'ail une croûte en cuisant.

Mettre sur le gril à four très chaud 7 minutes.

Pour apprécier les escargots de façon saine et croustillante !

Nadine et Tjebbe Zijlstra, Restaurateurs La Gousse d'Ail,
Saint-Rémy-de-Provence

Escargots de rosée à la suçarelle

Li Meissounenco à la suçarello

1 cent de meissounenco
(dits limaçons ou escargots de rosée)
1 bouquet de persil
Vinaigrette

Environ 1 l de court-bouillon

25 cl de litre de vin blanc
75 cl d'eau
Quelques morceaux d'écorce d'orange séchés
1 oignon
1 carotte
1 bouquet garni
Sel, poivre

Faire jeûner, dégorger et nettoyer les petits escargots.

Le court-bouillon peut-être préparé d'avance sinon faire cuire les ingrédients pendant 1 heure.

Cuire les petits escargots dans le court-bouillon, maintenir à ébullition une demi-heure et les égoutter.
Pendant qu'ils refroidissent, préparer une vinaigrette bien assaisonnée.
Ensuite, couper l'extrémité de la spirale de la coquille pour permettre l'aspiration de l'escargot.
Les laisser mariner une à deux heures dans la vinaigrette.
Juste avant de servir, saupoudrer abondamment de persil haché.

« Suçarello » vient du verbe provençal sucer, il évoque la façon de manger les meissounenco par aspiration et bien sûr se lécher les doigts par gourmandise !
Lors de leur ramassage, cherchez les petits escargots sur plants de fenouil, ils sont déjà aromatisés, naturellement !

Annie Laurent, Manade Mas Les Marquises, Salin-de-Giraud

Garniture de l'aïoli aux bulots

Pèr acoumpagna l'aiòli

Pour 4 à 5 personnes

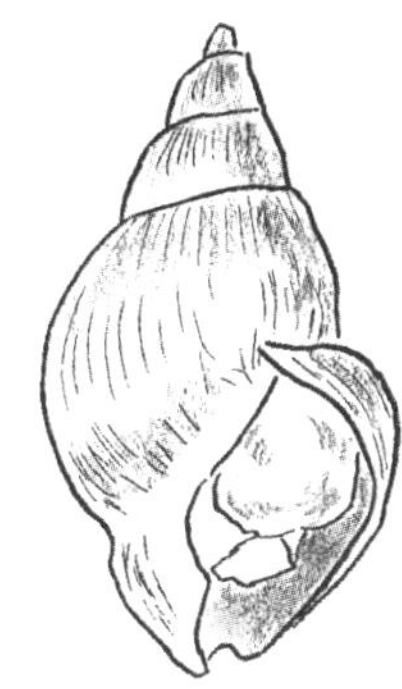

1 kg de morue
1 kg de bulots
4 œufs durs
500 g de carottes
500 g de pommes de terre
1 oignon
1 petit bouquet de fenouil
2 clous de girofle
2 feuilles de laurier
Sel, poivre

La veille

Faire dessaler la morue dans de l'eau à renouveler plusieurs fois durant les 24 heures.

Le jour même

Dans une grande casserole, couvrir la morue d'eau, ajouter une feuille de laurier et du fenouil.
Porter à ébullition à feu moyen sans faire bouillir l'eau.
Réserver à couvert pendant 10 minutes.
Passer les bulots sous un filet d'eau et les brosser.
Faire bouillir 1 litre et demi d'eau salée et poivrée avec l'oignon piqué de clous de girofle, une feuille de laurier et du fenouil.
Lorsque l'eau bout, plonger les bulots et continuer l'ébullition 15 minutes.
Cuire les légumes à l'eau ou à la vapeur pendant 20 minutes.
Cuire les œufs 10 minutes et les écaler.

Répartir dans un grand plat la morue coupée en morceaux, les bulots, les œufs et les légumes bouillis.

Vous pouvez ajouter à volonté des légumes de saison : Artichauts, céleri, choux-fleurs, courgettes, haricots verts...
« Dimanche du pauvre » d'antan, ce mets est devenu festif et convivial en famille et en groupe.

Le grand aïoli de Jean-Baptiste

Lou grand aiòli de jan-Batisto

Aïoli

aiòli

Pour 7 personnes

1 l d'huile d'olive
2 jaunes d'œufs
1 tête d'ail
Sel, poivre

Pour « monter » un aïoli tous les ingrédients et ustensiles doivent être à la même température.
Pilez l'ail dans un mortier en marbre de façon à obtenir une pommade épaisse, salez et poivrez, ajoutez les jaunes d'œufs et remuez l'ensemble.
Placez le tout dans un cul-de-poule (saladier profond) et laissez reposer pendant quelques temps dans un endroit tempéré, le temps d'un petit apéro.
Tenez fermement le cul-de-poule et pendant qu'un collègue verse l'huile d'olive à petit filet, tournez vaillamment toujours dans le même sens en maintenant un rythme régulier et en faisant attention qu'il ne se forme pas de « bougnettes ».
Après quelques gouttes, arrêtez de verser l'huile d'olive tout en continuant de tourner le fouet, l'émulsion doit prendre rapidement.

Quand l'aïoli commence à se détacher du bord, vous pouvez reverser l'huile à petit filet sans discontinuer.

C'est gagné lorsque le pilon planté dans l'aïoli reste à la verticale, sinon on dit ici qu'il a « cagué ».

Jean-Baptiste Quenin, Moulin à huile du Mas des Barres,
Maussane les Alpilles

Reprise de l'aïoli

Remounta l' aiòli

Videz le cul-de-poule, tapissez le fond d'un jaune d'œuf et cuillerée par cuillerée, ajoutez l'aïoli « cagué » en tournant sans discontinuer.

Garniture

Pèr acoumpagna l'aiòli

Traditionnellement l'aïoli accompagne un plat de morue avec des escargots, des œufs et des légumes.

La morue, dessalée pendant au moins deux jours, est cuite dans de l'eau avec des branches de fenouil, de l'oignon piqué de clous de girofle, de l'écorce d'orange, du sel et du poivre. Les escargots, qui ont jeûné trois semaines avec du thym, sont bouillis également dans du thym.
Les œufs sont cuits durs, les choux-fleurs, carottes, patates et haricots verts cuits à l'eau salée.

Servir ces aliments chauds accompagnés de l'aïoli, sans rien écaler ni éplucher, c'est plus convivial !
Et que la fête commence !

Jean-Baptiste Quenin, Moulin à huile du Mas des Barres,
Maussane les Alpilles

Gratin d'anchois frais

Tian d'anchoio fresco

Pour 5 personnes

1 kg d'anchois frais
1 kg de tomates
1 petit bouquet de thym
1 verre de vin blanc
Fromage râpé
Huile d'olive
Sel, poivre

Passer les anchois à l'eau courante et les essuyer dans du papier absorbant.
Retirer la tête de l'anchois, l'arête et l'intérieur viennent avec la tête sans difficulté, ouvrir et aplatir les filets.
Peler et épépiner les tomates, les couper en rondelles.
Dans un plat à gratin huilé, disposer successivement une couche de rondelles de tomates parsemée légèrement de thym effeuillé, puis une couche de filets d'anchois.
Terminer par une couche d'anchois, assaisonner.
Arroser de vin banc, répartir un filet d'huile d'olive.
Saupoudrer de fromage râpé.

Mettre à four chaud pendant 25 à 30 minutes.

L'anchois, tout comme la sardine et le maquereau, est un poisson gras goûteux, ami de votre système cardio-vasculaire.

Huîtres de Camargue en gelée

Ùstri de Camargo en gelado

Pour 4 personnes

2 douzaines de belles huîtres de la Comète
24 belles feuilles d'épinard
50 cl de crème liquide
3 à 5 feuilles de gélatine
Poivre du moulin

Monter la crème au fouet, l'assaisonner avec le poivre du moulin et la réserver.
Blanchir les épinards, les rafraîchir dans une passoire, les mettre au réfrigérateur sur papier absorbant.
Mettre les huîtres à four doux pour qu'elles s'ouvrent, récupérer le jus et le filtrer. Détacher et réserver la chair.
Disposer dans chaque coquille creuse une cuillerée à café de crème.
Envelopper la chair de chaque huître dans une feuille d'épinard et la remettre dans sa coquille.
Tremper les feuilles de gélatine dans de l'eau froide, les égoutter et les faire fondre dans le jus des huîtres.
Verser ce jus sur les huîtres et réserver au réfrigérateur.

Servir sur un lit de glace.

Une gelée royale reconstituante pour le palais de tous les gourmets à servir en plat d'entrée.

Laurent Evin, Les Nouveaux Traiteurs, pour Salins Aquaculture, Etang de la Comète, Saintes-Maries-de-la-Mer

Huîtres de Camargue pochées au champagne

Ùstri de Camargo au champagno

Pour 4 personnes

3 douzaines de belles huîtres de la Comète
2 à 3 échalotes
1 bouteille de champagne brut
1 demi citron
175 g de beurre
Poivre du moulin

Dans une casserole, porter à ébullition un bon verre de champagne avec l'échalote hachée très finement et laisser réduire de moitié.
Ouvrir les huîtres, filtrer et réserver leur eau.
Détacher l'huître de sa coquille et la réserver dans un petit saladier.
Nettoyer l'intérieur des coquilles creuses, les sécher, les disposer dans un grand plat creux et rond, les couvrir avec un torchon et les garder au chaud.
Verser l'eau filtrée des huîtres dans une casserole avec le reste de champagne, ajouter les huîtres.
Laisser pocher à petits bouillons juste le temps de rétractation du manteau (les bords sont noirs ou blonds suivant les zones d'élevage).
Égoutter les huîtres, les remettre dans les coquilles, les garder au chaud recouvertes du torchon.
Mélanger le jus de pochage et le jus du citron à la sauce aux échalotes, ajouter le beurre coupé en petits morceaux en chauffant vigoureusement, poivrer.

Verser cette sauce sur les huîtres et servir aussitôt.

Plat principal aux saveurs marines bienfaisantes et dynamisantes avec les compliments des pêcheurs d'huîtres !

Salins Aquaculture, Etang de la Cômète
Saintes-Maries-de-la-Mer

Moules marinières

Li muscle à la mariniero

Pour 6 personnes

4 kg de moules
2 gousses d'ail
1 gros oignon
2 échalotes
1 bouquet de persil
20 cl de crème fraîche
25 cl de vin blanc
Huile d'olive

Ébarber les moules et les frotter à l'eau froide.
Dans une cocotte faire revenir à l'huile d'olive l'ail, les échalotes et l'oignon émincés, le persil haché.
Ajouter les moules et laisser mijoter environ 20 minutes, remuer de temps en temps.
Arroser de vin blanc et laisser mijoter 5 minutes.

Au dernier moment, ajouter la crème fraîche, remuer et servir aussitôt.

Un plat iodé, anti-anémie aux senteurs marines.

Geneviève Villiard, poissonnerie Armand,
Saintes-Marie-de-la-Mer

Moules farcies gratinées

Li muscle farci

<u>Pour 4 personnes</u>

2 kg de moules
2 gousses d'ail
1 bouquet de persil
1 poignée de chapelure
125 g de beurre ramolli ou coupé en petits dés
Sel, poivre

Laver les moules à l'eau courante et les gratter.
Rincer à grande eau dans une passoire en les remuant vivement.
Les faire cuire à feu vif dans une sauteuse.
Sortir les moules de leur coquille et séparer chaque demie coquille.
Mélanger le beurre, l'ail écrasé, le persil haché, la chapelure, le sel et le poivre.
Mettre une ou deux moules en fonction de leur grosseur dans chaque coquille, et les remplir à ras bord de beurre aillé.
Ranger les moules dans un plat à gratin et les faire gratiner 10 à 12 minutes.
Servir très chaud.

La moule en plaisir de bouche !

Paupiettes de baudroie façon Marcel

Lesco de baudroi au farçun à la modo de Marceù

Pour 4 personnes

4 côtés de baudroie
(poitrine également appelée improprement joues)
500 g de tomates bien mûres
300 à 400 g de petit salé coupé en dés
4 gousses d'ail
2 échalotes
1 bouquet de persil
1 bouquet garni
Sel, poivre

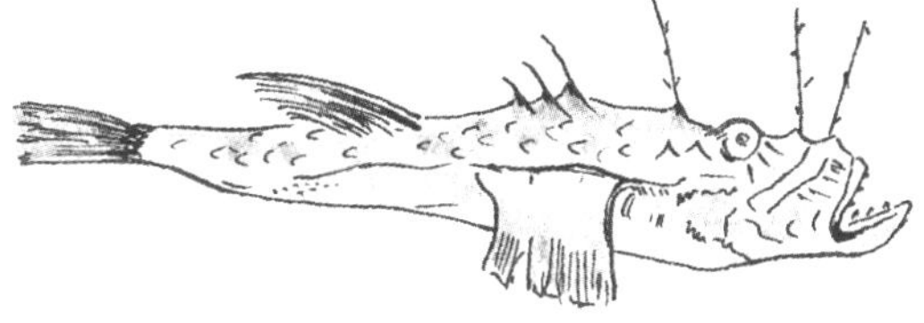

Peler les tomates, les épépiner et les couper en petits dés. Les mettre à cuire sur feu doux environ 30 minutes avec le bouquet garni, l'échalote émincée, le sel et le poivre.
Pendant que cette sauce mijote, découper les côtés de baudroie en escalopes de 4 à 6 centimètres de côtés.
Mélanger le petit salé, l'ail écrasé et le persil haché finement. Mettre dans chaque escalope une bonne cuillerée à café du mélange petit salé, ail et persil.
Ficeler le tout pour former une paupiette, plonger ensuite ces paupiettes dans la sauce tomate.
Laisser mijoter à petit feu 30 à 35 minutes environ.
Servir accompagné de riz blanc.

Recette composée par Marcel pour utiliser les côtés de baudroie qui deviennent ainsi présentables et très savoureux !

Janine et Marcel Richarte, Poissonniers, Marseille

Lotte au basilic

Baudroi au balicot

<u>Pour 6 personnes</u>

6 belles tranches de lotte de 200 g
1 ou 2 échalotes
1 beau bouquet de basilic
20 cl de crème fraîche
1 cuillerée à soupe de farine
25 cl de vin blanc
Beurre
Sel, poivre

Dans une cocotte, faire revenir les échalotes émincées dans le beurre, ajouter les tranches de lotte et assaisonner.
Saupoudrer la farine et mouiller avec le vin blanc.
Laisser mijoter 10 minutes environ.
Retirer les tranches de lotte et les réserver au chaud.
Mélanger dans la cocotte la crème fraîche et le basilic ciselé avec la sauce de cuisson.

Verser cette sauce au basilic sur les tranches de lotte.

Ce mets se sert avec du riz ou des pâtes fraîches.
Le vrai nom de la lotte est en réalité « baudroie » du provençal « baudroi ».

Geneviève Villiard, poissonnerie Armand,
Saintes-Marie-de-la-Mer

Maquereaux à la tomate

Lis aurioù i poumo d'amour

Pour 4 personnes

4 maquereaux
4 grosses tomates
1 oignon
1 gousse d'ail
1 petit bouquet de fenouil
1 petit bouquet de persil
1 branche de thym
1 verre de vin blanc
Huile d'olive
Sel, poivre

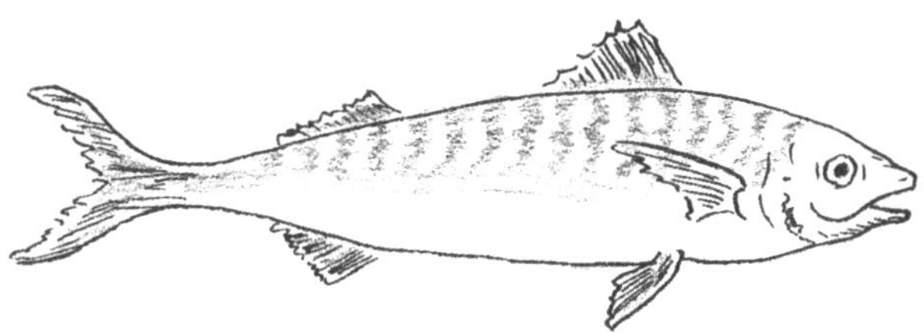

Peler les tomates, les épépiner et couper en petits dés.
Faire revenir l'oignon émincé dans l'huile d'olive, ajouter les dés de tomates, le thym, l'ail écrasé, le sel et le poivre.
Laisser cuire quelques minutes en tournant l'ensemble à la cuillère en bois.
Vider les maquereaux, les passer à l'eau et les essuyer dans du papier absorbant.
Saler, poivrer l'intérieur des maquereaux et introduire le fenouil.
Les disposer dans un plat à four, les arroser de vin blanc et les entourer de sauce tomate.
Mettre à four chaud pendant 15 minutes.

Saupoudrer de persil haché avant de servir.

Ce poisson gras à la chair délicate et agréable est bon marché et bon pour le système cardio-vasculaire !

Morue en raïte

Merlusso à la raito

Pour 4 personnes

1 kg de morue à faire dessaler 24 h
2 tomates
1 poignée de câpres
1 poignée d'olives vertes
1 poignée d'olives noires
2 gousses d'ail
1 oignon
3 feuilles de laurier
2 cuillerées à soupe de farine
2 cuillerées à soupe de maïzena
75 cl de vin rouge
Huile d'olive

Préparation de la sauce raïte

Faire revenir l'oignon émincé dans l'huile d'olive, puis saupoudrer une cuillerée à soupe de farine et bien faire dorer. Ajouter les tomates pelées, épépinées et coupées en morceaux, les faire revenir 7 minutes.
Verser le vin, les câpres, les olives, le laurier et l'ail écrasé. Laisser mijoter 45 minutes.

Le plat

Mélanger dans un plat la maïzena et une cuillerée de farine. Couper la morue en morceaux, les rouler dans le mélange maïzena farine, les faire dorer et cuire à l'huile d'olive.

Servir très chaud nappé de sauce.

Vous apprécierez cette chair ferme et relevée.

Erick Vedel, Maître Cuisinier Provençal, Arles

Rouille à la camarguaise

La rouio à la camarguenco

Pour 5 personnes

1 kg d'encornets ou de blanc de seiche
1 kg de pommes de terre
5 gousses d'ail
1 gros oignon
1 feuille de laurier
1 verre de vin blanc
2 ou 3 piments de Cayenne
1 cuillerée à café
de paprika doux
Aïoli
Huile d'olive
Sel, poivre

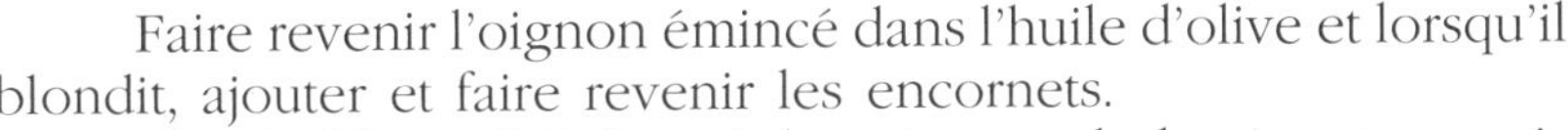

Faire revenir l'oignon émincé dans l'huile d'olive et lorsqu'il blondit, ajouter et faire revenir les encornets.
Verser le vin blanc, l'ail écrasé, les piments, le laurier et couvrir d'eau, saler et poivrer.
Amener à ébullition et laisser cuire environ 20 minutes.
Couper les pommes de terre en gros dés, les jeter dans le bouillon d'encornets.
Laisser cuire environ 12 minutes.
Pendant ce temps incorporer le paprika à l'aïoli.
Lorsque les pommes de terre sont cuites, sortir les encornets et les pommes de terre à l'écumoire.
Les mélanger avec l'aïoli.

Un grand classique de la cuisine gardianne !

Françoise Peytavin, Manade saliérène, Saliers

Sardines à la provençale

Sardino à la prouvençalo

Pour 4 personnes

12 grosses sardines
2 verres de coulis de tomates épais
1 gousse d'ail
1 bouquet de persil
1 branche de thym
Huile d'olive
Sel, poivre

Préparer votre coulis ou le réchauffer. Laver les sardines, les vider et les essuyer dans du papier absorbant pour éliminer les écailles restantes.
Faire chauffer l'huile d'olive dans une poêle, l'aromatiser avec le thym effeuillé et l'ail écrasé.
Disposer les sardines dans la poêle, laisser cuire chaque côté 5 minutes.
Verser le coulis chaud dans un plat.
Assaisonner les sardines, les ranger sur le lit de coulis.

Arroser d'un filet d'huile d'olive et saupoudrer de persil.

Un plat succulent bon marché aux acides gras essentiels bons pour le cœur.

Sardines en beignets

Li bougneto de sardino

5 à 6 sardines par personne
Huile à friture

Pâte à beignets

500 g de farine
2 œufs
2 cuillerées à soupe d'huile d'olive
Sel

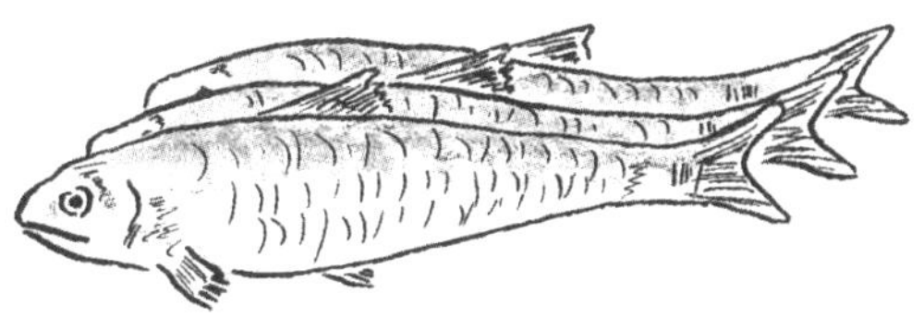

Préparation de la pâte à beignets

Verser la farine dans une terrine et creuser un puits, mettre les jaunes d'œufs dans le puits avec l'huile, le sel et un demi-litre d'eau.
Mélanger le tout jusqu'à l'obtention d'une pâte lisse et coulante.

Battre les blancs d'œufs en neige et les ajouter à la pâte.

Préparation des sardines

Retirer la tête de la sardine, les entrailles viennent avec.
Ouvrir la sardine, retirer l'arête.
Essuyer les filets.
Tremper chaque filet dans la pâte à beignets.

Les frire dans l'huile très chaude.

Les sardines grillées, c'est bon, mais pour changer faites des beignets !

Annie Laurent, Manade Mas les Marquises, Salin de Giraud

Sartagnade
ou poêlée de petits poissons

Sartanado de peissounet

Pour 4 personnes

500 g de petits poissons
1 demi verre de vinaigre
Farine
Huile d'olive
Sel, poivre

Laver, essuyer et rouler chaque poisson dans la farine.
Faire chauffer le fond d'huile d'olive d'un sartan (poêle) à feu vif, disposer les poissons en rangs serrés, assaisonner et les faire griller en remuant le sartan uniquement.
Lorsqu'ils sont dorés côté fond de sartan, les retourner d'un seul tenant comme une crêpe épaisse, assaisonner et faire dorer le second côté.
Glisser les poissons dans un plat.
Répartir le vinaigre dans le sartan, porter à ébullition.
Verser le vinaigre chaud sur les poissons.

Une grosse crêpe croustillante de petits poissons !

Saumon au vin blanc

Saumoun au vin blanc

Pour 6 personnes

1 saumon de 2 kg
500 g de champignons de Paris
1 oignon
1 échalote
1 petit bouquet de cerfeuil
1 petit bouquet de persil
1 cuillerée à soupe de farine
20 cl de crème fraîche
75 g de beurre ramolli (à température ambiante)
1 bouteille de bon vin blanc
Sel, poivre

Hacher les champignons, l'oignon, l'échalote, le cerfeuil et le persil.
Assaisonner et farcir le saumon.
Disposer le saumon dans un plat à four et verser le vin blanc.
Faire cuire à feu moyen 30 minutes.
Au moment de servir, faire un beurre manié avec la farine et le beurre.
Récupérer le jus de cuisson du saumon et mélanger avec le beurre manié sur le feu.

Hors du feu, ajouter la crème fraîche.

Napper le saumon et servir avec des petits feuilletés en décoration.
Vous pouvez remplacer le vin blanc par du champagne pour les grandes occasions !

Geneviève Villiard, poissonnerie Armand,
Saintes-Maries-de-la-Mer

Terrine de sole

Tian de solo

Pour 6 personnes

600 g de filets de soles
300 g de langoustines crues décortiquées
4 œufs
1 cuillerée de persil ciselé
4 tranches de pain de mie
10 cl de lait
Sel, poivre

Mettre à tremper la mie de pain, sans croûte, dans le lait. Faire un hachis en mélangeant la mie de pain, les œufs, le persil et la moitié des filets de soles hachés.
Assaisonner.
Beurrer un moule à cake et le garnir par couche : une couche de hachis, une couche de filets et ainsi de suite, finir par les langoustines.
Recouvrir d'une feuille d'aluminium et faire cuire au bain-marie 70 minutes à four chaud.

Servir froid avec une mayonnaise persillée, préparée la veille.

Dans cette terrine légère, on peut remplacer les langoustines par des crevettes.

Geneviève Villiard, poissonnerie Armand,
Saintes-Marie-de-la-Mer

Truite à la provençale

Troucho à la prouvençalo

Pour 4 personnes

4 truites
500 g de tomates
1 poivron rouge
100 g d'olives noires dénoyautées
Huile d'olive
Sel, poivre

Pelez les tomates, épépinez-les et coupez-les en dés. Faites-les revenir avec le poivron découpé en lanières dans l'huile d'olive, salez et poivrez.
Réservez au chaud.
Faites cuire les truites dans l'huile d'olive 5 minutes de chaque côté, ensuite retirez la peau des truites.
Nappez chaque assiette avec la tomate.

Disposez au centre de l'assiette la truite décorée de lamelles de poivron et d'olives.

La chair et le parfum subtils de la truite se marient très bien avec les tomates et le poivron !

Ribas, Pisciculteur Les Sources du Gapeau, Signes

Truite au bleu

La troucho court-bouiounado

Pour 4 personnes

4 truites
1 verre de vinaigre
Beurre

Court-bouillon

2 l d'eau
1 verre de vinaigre
1 carotte
1 oignon
1 bouquet garni
Sel, poivre

Le court-bouillon peut-être préparé d'avance sinon faire cuire les ingrédients pendant 1 heure.

Videz, lavez les truites.

Portez à ébullition un verre de vinaigre et arrosez chaque face des truites pour leur donner une belle couleur bleue.

Portez à ébullition le court-bouillon et plongez entièrement les truites.

Cuisez 7 à 8 minutes en gardant l'ébullition.

Accompagnez de beurre fondu.

Un repas coloré et parfumé !

Ribas, Pisciculteur Les Sources du Gapeau, Signes

Truite aux amandes

Troucho is amelo

Pour 4 personnes

4 truites
80 g d'amandes effilées
1 citron
Farine
Beurre
Sel, poivre

Videz, lavez, farinez les truites, cuisez-les à la poêle dans du beurre 3 minutes par côté.
Placez-les sur un plat allant au four, arrosez de citron.
Dans une poêle, faites dorer au beurre les amandes effilées.
Salez, poivrez les truites et couvrez-les d'amandes.
Faites cuire 5 minutes à four moyen.

Un classique de la truite !

Ribas, Pisciculteur Les Sources du Gapeau, Signes

Truite meunière

Troucho dóu móunié

Pour 4 personnes

4 truites
1 citron
1 bouquet de persil
4 petites poignées de farine
1 noix de beurre
Sel, poivre

Videz, lavez, farinez les truites.
Cuisez-les à la poêle dans du beurre 4 à 5 minutes par côté.
Salez, poivrez.
Arrosez de citron, de beurre fondu et de persil haché.

Ribas, Pisciculteur Les Sources du Gapeau, Signes

Alouettes sans tête à la provençale

Alauseto sènso tèsto

Pour 8 personnes

24 tranches fines de rond de veine (bœuf)
8 tranches de jambon
8 filets d'anchois
1 carotte
2 tomates
3 à 4 gousses d'ail
1 oignon
1 bouquet de persil
1 bouquet garni
1 verre de vin blanc
Huile d'olive
Sel, poivre

Préparer la farce en hachant finement le jambon, le persil, l'ail et les anchois.
Étendre une cuillerée de farce sur chaque tranche de bœuf et la rouler « bien serrée ». Il est inutile de ficeler.
Dans une cocotte à fond large, verser 2 cuillerées à soupe d'huile d'olive, la carotte et l'oignon émincés et faire revenir 2 à 3 minutes.
Ranger les alouettes côte à côte, assaisonner, puis les faire suer à feu doux.
Au bout de 10 minutes, mouiller avec le vin blanc et un verre d'eau, ajouter le bouquet garni et les tomates coupées en petits cubes.

Faire mijoter 45 minutes à couvert puis découvrir et laisser mijoter encore 15 minutes, la sauce doit réduire.

Servir ce plat provençal traditionnel avec des pâtes fraîches.

Luce Emeriaud, Chambres d'hôtes La Maison du Sarret, Briançon

Bœuf au basilic

Ragoust de bioù au balicot

<u>Pour 6 personnes</u>

1,2 kg de daube de bœuf (morceaux de 70 à 80 g)
400 g de tomates
100 g de carottes
1 tête d'ail
50 g d'oignons blancs
20 g de basilic ciselé
1 bouquet garni
1 brin de coriandre
20 cl de jus de veau lié (préparé ou en cube)
20 cl de vin blanc
Huile d'olive
Sel, poivre

Faire chauffer l'huile d'olive dans une cocotte et faire revenir la viande.
Ajouter les oignons émincés et les faire suer.
Déglacer au vin blanc puis verser dans la cocotte les tomates pelées et épépinées, les gousses d'ail pelées, les carottes taillées en bâtonnets, le bouquet garni et la coriandre.
Mouiller au jus de veau, mettre la moitié du basilic et assaisonner.
Cuire à feu moyen 2 heures 30 à 3 heures.

En fin de cuisson, ajouter le reste de basilic et rectifier l'assaisonnement.

Un plat aux saveurs multiples rehaussé par une herbe royale, le basilic.

Hostellerie de l'Abbaye de Saint-Michel-de-Frigolet, Tarascon

Caillettes provençales

Li caieto prouvençalo

<u>Pour 5 à 6 personnes</u>

300 g de foie de porc
300 g de poitrine fraîche de porc
1 crépine de porc
1 kg d'épinards
1 oignon
10 grains de genièvre
10 feuilles de sauge
1 verre de vin blanc
Huile d'olive
Sel, poivre

Faire tremper la crépine dans de l'eau à température ambiante.
Blanchir les épinards, les rafraîchir dans une passoire et bien les égoutter en les pressant.
Hacher menu les épinards, l'oignon, le foie, la poitrine de porc et les grains de genièvre écrasés, assaisonner.
Sortir la crépine de l'eau, l'essuyer et la découper en 5 à 6 carrés.
Préparer des boules de hachis et les envelopper dans les carrés de crépine, les ranger bien serrés dans un plat à four beurré.
Mouiller avec le vin blanc et autant d'eau.
Couvrir chaque caillette d'une feuille de sauge et arroser d'un filet d'huile d'olive.

Mettre à four chaud pendant une heure.

Se déguste aussi bien froid que chaud avec une bonne salade verte.

Caille aux figues

Caio i figo

Pour 4 personnes

4 cailles
16 figues
4 tranches de poitrine fumée
3 échalotes
Huile d'olive
Sel, poivre

Barder, saler et poivrer les cailles.
Les faire revenir dans une cocotte huilée avec les échalotes émincées, couvrir et laisser cuire 30 minutes.
Retirer les cailles et les réserver au chaud.
Ouvrir les figues en quatre sans aller jusqu'au fond et les placer dans la cocotte, les faire cuire 10 minutes.
Ôter les bardes des cailles.

Les servir nappées de sauce et entourées de figues.

Au plaisir des gourmets !

Jacqueline Honoré, Les figuières du Mas de Luquet,
Graveson-en-Provence

Canard braisé aux herbes

Canard braseja is erbo

Pour 4 personnes

Cuisses et avant d'un canard
1 bouquet de thym
Sel, poivre

Découper les cuisses et ailes du canard, les faire sauter avec le thym et le sel jusqu'à ce qu'elles prennent une belle couleur. Ensuite mettre l'ensemble dans un plat bien fermé, le plat doit être petit pour que la viande baigne dans son propre jus, poivrer.

Mettre à four chaud pendant 2 heures.

Un régal moelleux facile à préparer !

Josette Bossy, Ferme Gasquet, Grambois

Carbonnade de mouton

Carbounado

Pour 4 à 5 personnes

1 kg de gigot ou d'épaule d'agneau
300 g de haricots secs (trempés 24 h dans l'eau fraîche)
2 tomates
2 carottes
1 navet
1 cœur de céleri
100 g de petits lardons
100 g d'olives noires
3 gousses d'ail
1 oignon
3 clous de girofle
3 feuilles de laurier
1 pincée de noix de muscade
3 verres de vin blanc
3 cuillérées d'huile d'olive
Sel, poivre

Coupez la viande en gros cubes, émincez l'oignon.
Pelez les tomates, épépinez-les et concassez-les.
Coupez les carottes, le navet et le cœur de céleri en bâtonnets.
Dans un poêlon faites revenir les lardons à l'huile d'olive.
Ajoutez la viande, faites-la colorer en remuant régulièrement.
Ajoutez les tomates, les carottes, le navet, le céleri, les haricots secs, les olives noires, les feuilles de laurier, les gousses d'ail écrasées, la pincée de noix de muscade, les clous de girofle, trois tours de moulin à poivre, et le sel.
Mouillez avec le vin blanc, complétez avec de l'eau pour tout recouvrir.

Cuire 2 heures à feu doux.

Le mouton à la provençale !

Erick Vedel, Maître Cuisinier Provençal, Arles

Le chapon au lit d'asperges

Lou capoun sus lié d'espargo

Pour 8 à 10 personnes

1 chapon fermier de 3,5 à 4 kg
2 kg d'asperges
200 g de truffes
200 g de foie gras de canard entier
1 branchette de romarin
1 petit bouquet de thym
Quelques feuilles de sauge
Graisse d'oie
Fleur de sel de Camargue
Poivre gris

Introduire le thym et le romarin dans le chapon, le badigeonner à la graisse d'oie mélangée avec la fleur de sel.
Le mettre à cuire dans un plat à four sur la grille du lèchefrite, à feu moyen pendant environ 1 heure et demi.
Arroser régulièrement et abondamment toutes les vingt minutes.
Sortir le plat du four et retirer le chapon du plat.
Dégraisser le jus et l'étendre d'un verre d'eau.
Saler et poivrer légèrement le jus, l'aromatiser avec un peu de sauge.
Farcir le chapon avec le foie gras et la moitié des truffes.
Glisser cinq morceaux de truffes taillés en julienne entre chaque cuisse et aile.
Remettre le chapon dans son jus.
Éplucher les asperges et les faire blanchir.
Ajouter les asperges précuites et le reste de truffes.
Remettre le plat au four et faire cuire encore une demi-heure.

Servir avec le plat et découper le chapon à table.

Recette « jour de fête », un repas festif complet que sauront apprécier vos convives !

Christian et Catherine Stemmer-Aptel, Eleveurs de volailles, Mazan

Chevreau de lait

Cabrit

Pour 8 à 10 personnes

1,5 kg de chevreau découpé en morceaux
2 kg de carottes
500 g d'oignons blancs
2 feuilles de laurier
1 bouquet de thym
1 bouquet de persil
1 demie cuillerée à café de curcuma
1 l de vin blanc sec des côtes du Luberon
Huile d'olive
Sel, poivre

Couper le chevreau en morceaux d'environ 6 à 7 centimètres.
Dans une cocotte, faire revenir et dorer le chevreau à l'huile.
Lorsque la viande est bien colorée, la retirer et la réserver.
Verser les carottes coupées en bâtonnets dans la cocotte, ajouter les rondelles d'oignons, le laurier, le thym, le persil et le vin blanc.
Saler et poivrer.
Laisser mijoter environ 10 minutes à feu doux pour une cuisson « al dente », les carottes doivent rester croquantes.
Ajouter le curcuma et la viande.
Cuire environ 30 minutes, la viande ne doit pas se détacher.
Servir dans un grand plat décoré de persil haché.
Et un bon pain de campagne pour la sauce.

La réussite de ce plat tient dans la cuisson des carottes et de la viande.

Ingrid et Gianni Ladu, Ferme-Auberge Le Castellas, Sivergues

Civet de canard

Civié de canard

Pour 6 personnes

1 canard
200 g de petit salé
1 oignon
1 bouquet garni
1 cuillerée à soupe de farine
Un peu de maïzena
1 l de vin rouge
Huile d'olive
Sel, poivre

Couper le canard en morceaux, les faire revenir à l'huile d'olive dans une cocotte.
Les retirer de la cocotte et faire roussir l'oignon émincé.
Ajouter le petit salé coupé en dés et la farine, laisser blondir.
Mouiller avec le vin rouge.
Assaisonner.
Disposer le bouquet garni et les morceaux de canard dans la sauce.
Laisser cuire une heure et demi.
A la fin de la cuisson, lier la sauce, pour cela retirer les morceaux de canard, mettre quelques cuillerées de maïzena dans un bol, délayer avec un peu d'eau et verser dans la cocotte en tournant jusqu'à reprise de l'ébullition.
Remettre les morceaux.

Laisser cuire encore 5 minutes et servir.

Un plat qui plait aux convives !

Marcelle Monnier,
Ferme-Auberge La barque aux Romarins, Orange

Civet de porcelet

Civié de pourquet

Pour 4 personnes

1 kg de porcelet
4 gousses d'ail
1 oignon
7 ou 8 baies de genièvre
1 cuillerée de farine
Vin rouge de pays
Un verre de sang du porcelet
Sel, poivre

Un bouquet garni bien attaché

1 bouquet de pëbr-d'ail (sarriette)
2 brins de thym
1 feuille de laurier

Faire revenir dans une casserole les morceaux de viande en les faisant bien dorer, ajouter l'oignon coupé assez fin et continuer à faire revenir.
Mettre ensuite l'ail coupé en rondelles puis recouvrir de deux tiers de vin rouge et un tiers d'eau. Ajouter le sel, le poivre, le bouquet garni et le genièvre.
Laisser cuire 45 minutes en surveillant la cuisson.
Dans un petit récipient, faire une liaison avec le sang et la farine. Diluer légèrement cette liaison avec du jus du civet, la verser ensuite dans la casserole.

Remuer lentement à feu doux jusqu'à épaississement du mélange.

Pour ceux qui aiment le bon civet traditionnel !

Christian Richeda, Ferme-Auberge Le Vieux Pressoir, Aubagne

Le colvert aux lentilles

Lou coù-verd i lentiho

Pour 4 personnes

1 colvert élevé au grain
500 g de lentilles
1 oignon
2 gousses d'ail
1 bouquet garni
1 branche d'estragon
Graisse d'oie
Vinaigre d'estragon
Fleur de sel de Camargue
Poivre gris

Badigeonner le colvert à la graisse d'oie mélangée avec la fleur de sel, le disposer dans un plat à four avec l'oignon coupé en lamelles.
Faire cuire à four moyen pendant trois quarts d'heure.
Pendant ce temps, cuire les lentilles avec les feuilles d'estragon, le bouquet garni et les gousses d'ail en chemise durant 15 minutes.
Retirer le canard du plat de cuisson et déglacer avec le vinaigre d'estragon, ajouter un verre d'eau au jus de déglaçage et assaisonner.
Goûter et ajuster l'assaisonnement.
Remettre le colvert et les lentilles dans le plat de cuisson, faire cuire encore un quart d'heure.

Servir le plat et découper le colvert à table.

L'alliance des saveurs caractéristiques du canard et des lentilles, que du bon pour la santé !

Christian et Catherine Stemmer-Aptel, éleveurs de volailles, Mazan

Foie gras poêlé au confit de vin

Sartanado de fege gras au counfit de vin

Pour 6 à 8 personnes

1 foie gras d'oie ou de canard entier frais
1 os à moelle
1 bouquet garni
1 petit pot de confit de vin (20 g)
Pain de seigle
Sel, poivre gris

Le fond de sauce (1,5 à 2 heures)

Faire cuire l'os à moelle et le bouquet garni, assaisonner et faire réduire au maximum.
Enlever l'os à moelle et le bouquet garni, ajouter le confit de vin.
Faire cuire pendant 3 minutes à feu doux.

La suite

Faire griller le pain de seigle, le réserver au four pour le garder chaud.
Dénerver le foie frais et le couper en tranches de 1 à 1,5 centimètres.
Bien faire chauffer la poêle sans matière grasse, mettre les tranches de foie pendant 30 secondes de chaque côté.
Enlever le gras entre chaque cuisson et en napper les pains grillés.
Mettre les foies sur les tranches de pain grillé, faire couler un filet de la sauce sur le foie.

Servir chaud dans des assiettes préchauffées.

Le mariage foie gras et confit de vin : Exquis !

Christian et Catherine Stemmer-Aptel, éleveurs de volailles, Mazan

Marinade du coq au vin

2 oignons
1 branche de romarin
1 petit bouquet de thym
3 clous de girofle
Coriandre
Genièvre
Graines de moutarde
Graines de poivre rouge (baies roses)
1 l de vin rouge genre Syrah

Cette marinade associée à la recette du coq au vin se prépare l'avant-veille avec le coq découpé en morceaux.

Disposer les morceaux de coq dans un récipient à marinade. Peler et couper en rondelles les oignons, les ajouter aux morceaux de viande.
Couvrir le tout avec du vin rouge puis ajouter le genièvre, la coriandre, les graines de moutarde et de poivre, les clous de girofles, le thym et le romarin.

Faire mariner à couvert au moins 48 heures, dans un endroit bien frais, à défaut dans le réfrigérateur.

La préparation de la marinade nous met déjà le cœur en fête !

Christian et Catherine Stemmer-Aptel, éleveurs de volailles, Mazan

Le coq au vin

Lou gau au vin

Pour 8 à 10 personnes

1 coq fermier de 3,5 kg
800 g d'oignons
5 carottes
3 branches de céleri
5 gousses d'ail
3 poireaux
200 g de poitrine fumée
Quelques feuilles de sauge
Huile d'olive
Sel, poivre gris

L'avant-veille préparer la marinade (voir recette)

Le jour même préparer le plat

Sortir les morceaux de viande de la marinade et bien les égoutter.
Dans une cocotte, faire chauffer l'huile d'olive puis ajouter les oignons et la poitrine fumée coupée en petits morceaux.
Disposer les morceaux de coq et les faire dorer, ensuite couvrir le coq avec la marinade.
Ajouter les carottes coupées en fines lamelles puis l'ail en chemise, le céleri et les poireaux, assaisonner.
Couvrir et faire cuire à feu moyen pendant 1 heure environ « jusqu'à ce que le coq remonte ses manches », surveiller la cuisson, s'il manque du liquide ajouter de la marinade.
Enlever la viande et passer la sauce au chinois.
La goûter et ajuster l'assaisonnement, la réduire jusqu'à la consistance voulue.
Remettre les morceaux de viande et laisser cuire encore un quart d'heure avec les feuilles de sauge.

Servir le coq dans sa sauce.

Pour profiter pleinement de ce menu « jour de fête », le coq fermier doit avoir au moins 9 mois.

Christian et Catherine Stemmer-Aptel, éleveurs de volailles, Mazan

Daube de sanglier

Dobo de sanglié

Pour 6 personnes

1,2 kg de sanglier
3 carottes
3 gousses d'ail
3 oignons
3 feuilles de laurier
1 petit bouquet de persil
1 petit bouquet de sauge
3 branches de thym
1 poignée de câpres
1 l de vin blanc
2 cuillerées à soupe de vinaigre
Huile d'olive
Sel, poivre

La veille

Couper le sanglier en petits morceaux, les carottes en bâtonnets.
Les disposer dans un plat à marinade, ajouter les oignons émincés, l'ail écrasé, le laurier, le persil, le thym, la sauge et les câpres. Arroser avec le vinaigre et un demi-litre de vin blanc.
Faire mariner 24 heures au frais.

Le jour même

Égoutter les morceaux de sanglier et les éponger.
Les faire revenir à l'huile d'olive dans une cocotte à feu vif, verser la marinade et le reste de vin blanc, assaisonner.
Lorsque la sauce frémit, couvrir la cocotte.
Cuire 1 heure à feu doux.

Le vin préféré du sanglier est le vin blanc !

Daube de mouton

Dobo de moutoun

Pour 6 personnes

1 gigot de mouton
4 carottes
500 g de petit salé
1 peu de couenne
8 gousses d'ail
4 oignons
1 feuille de laurier
2 branchettes de thym
1 bouquet de persil
Morceaux d'écorces d'orange séchés
1 bouteille de vin rouge
1 demi verre d'eau de vie
Huile d'olive
Sel, poivre

Couper le petit salé en lardons et les faire mariner une heure dans l'eau de vie.
Bien poivrer les lardons.
Couper la couenne en lanières, les ébouillanter, saler et poivrer.
Couper le gigot en morceaux et ficeler chaque morceau avec une lanière de couenne.
Faire chauffer l'huile d'olive dans la daubière.
Ajouter les morceaux de gigot, les lardons égouttés, les carottes, les oignons, l'ail, le persil haché, le thym, le laurier, l'écorce d'orange et couvrir de vin rouge.

Cuire quatre heures à feu doux, tout en vérifiant le niveau de liquide.

Un plat pour le plaisir de l'odorat et des papilles !

Josette Bossy, Ferme Gasquet, Grambois

Daube provençale

Dobo prouvençalo

Pour 8 personnes

1,5 kg de bœuf
1 carotte
3 ou 4 gousses d'ail
2 oignons
1 feuille de laurier
1 bouquet de thym
1 poignée d'olives noires
1 bouteille de bon vin rouge
Huile d'olive
Sel, poivre

24 heures avant

Dans un toupin (plat en grès), mettre les morceaux de bœuf, un oignon coupé en quatre, la carotte coupée en rondelles, l'ail écrasé, la feuille de laurier, le bouquet de thym, le sel et le poivre. Recouvrir le tout avec le vin, secouer et réserver au frigidaire. Secouer 1 ou 2 fois le toupin dans la journée.

Le jour même

Égoutter les morceaux de viande et les faire revenir dans une cocotte à l'huile d'olive. Quand ils commencent à dorer, ajouter un oignon émincé, faire dorer, puis verser la marinade dans la cocotte. Laisser mijoter à feu très doux, la marinade doit réduire de trois quarts, compter environ 4 heures de cuisson. Réajuster le niveau de liquide et l'assaisonnement si nécessaire. En fin de cuisson, ajouter les olives.

Servir avec des carottes persillées ou des pommes de terre sautées.

Le plat traditionnel de la famille !

Jeanine Chabran, Domaine « L'Oustau des Lecques », Vacqueyras

Dinde de Noël à la provençale

Dindo de Nouvé à la prouvençalo

1 jeune dinde de 3 à 4 kg
500 g de chair à saucisse
1 tranche de jambon
2 oignons
400 g de marrons
1 bouquet de fenouil
1 feuille de laurier
1 verre de vin blanc
Huile d'olive
Sel, poivre

Préparation des marrons

Éplucher les marrons et les verser dans de l'eau bouillante salée avec le fenouil et le laurier.
Cuire à feu doux pendant 15 à 20 minutes, les marrons sont cuits lorsqu'une aiguille pénètre sans effort au cour du marron.
Enlever la fine peau restante, écraser les marrons et les réserver.

Préparation de la farce

Hacher le foie de la dinde et le jambon.
Faire revenir les oignons émincés à l'huile d'olive.
Lorsque l'oignon commence à blondir ajouter le hachis, la chair à saucisse, le vin blanc et mélanger le tout quelques minutes. Saler, poivrer et laisser cuire 10 minutes, puis incorporer les marrons dans la farce.

Préparation de la dinde

Coudre l'ouverture laissée par la suppression du cou.
Garnir l'intérieur de la dinde avec la farce.
Rabattre le croupion dans l'ouverture faite pour vider la dinde.
Le recouvrir avec la peau du bas ventre et coudre l'ensemble.
Positionner la dinde sur le dos dans un plat à four et couvrir sa poitrine de barde, la mettre à four moyen et la cuire en comptant 40 minutes par kilo.

Pour que la viande reste moelleuse, l'arroser souvent avec le jus de cuisson en ajoutant régulièrement des cuillerées d'eau dans le plat de cuisson.

Dégraisser le jus et le passer au chinois avant de servir.

Un goût de Noël, Bon réveillon !

Fricot des barques

Fricot di barco

Pour 4 personnes

1 kg de gîte
6 filets d'anchois au sel
3 gousses d'ail
3 oignons
3 cuillerées à soupe de câpres
6 feuilles de laurier émiettées
1 bouquet de persil
3 cuillerées à soupe d'huile d'olive
Poivre du moulin

Hacher finement tous les ingrédients, couper la viande en tranches fines.

Verser l'huile d'olive dans un faitout, alterner une couche de viande et une couche de hachis jusqu'à épuisement des denrées.

Cuire à l'étouffé pendant 3 heures.

La cuisine des bateliers du Rhône, à servir avec des pâtes fraîches.

Erick Vedel, Maître Cuisinier Provençal, Arles

Gratin d'agneau aux trois légumes et à l'épeautre

Tian d'agnèu i tres lièume e à l'espèuto

<u>Pour 6 personnes</u>

800 g d'épaule d'agneau désossée
6 petites aubergines
6 petites courgettes
6 tomates
250 g de petit épeautre
5 gousses d'ail
2 oignons
2 feuilles de laurier
1 bouquet de persil
1 branche de thym
10 cl de crème fraîche
Fromage râpé
Huile d'olive
Sel, poivre

Verser le petit épeautre dans trois fois son volume d'eau bouillante.
Baisser le feu, arroser d'un filet d'huile, ajouter le thym, le sel et le poivre.
Laisser cuire à feu doux pendant 30 minutes.
Dans une poêle faire revenir l'ail écrasé et l'oignon émincé puis les légumes séparément, et enfin la viande coupée en morceaux.
Verser toute cette préparation dans une cocotte, ajouter le laurier et cuire pendant une heure.
En fin de cuisson, mettre le tout dans un tian, rajouter l'épeautre, la crème fraîche, le fromage râpé et le persil.

Mettre à four chaud un bon quart d'heure.

Un plat complet, aux légumes d'été, céréales et viande douce, qui a toujours du succès à la table de Véronique.

Véronique Astruc-Marin, table et chambres d'hôtes
Le Dégoutaud, Malaucène

Gardianne de mouton

Gardiano de moutoun

Pour 6 personnes

6 grosses côtelettes
1 kg de pommes de terre à chair ferme
1 poignée d'olives noires
6 gousses d'ail
1 bouquet de persil
Huile d'olive
Sel, poivre

Dorer les côtelettes à l'huile, dès que la viande est dorée, mouiller à l'eau bouillante.
Ajouter les pommes de terre coupées en morceaux, l'ail écrasé et le persil haché.
Saler et poivrer.
Laisser cuire au moins une heure, le tout est à point lorsque les pommes de terre commencent à se défaire.

Environ dix minutes avant la fin de la cuisson, répartir une poignée d'olives noires sur les pommes de terre.

Une cuisine qui sent bon la nature !

Josette Bossy, Ferme Gasquet, Grambois

Gardianne de taureau de Camargue

Gardiano de toro de Camargo

Pour 5 personnes

1 kg de viande de jarret de taureau
2 oignons
2 gousses d'ail
1 poignée d'olives noires
2 feuilles de laurier
1 pincée de thym
1 cuillerée à café des 4 épices
4 clous de girofle
2 cuillerées à soupe rase de farine
1 demi-litre de bon vin rouge
Huile d'olive
Sel, poivre

Couper la viande en gros cubes, faire revenir les oignons émincés dans un peu d'huile d'olive.
Ajouter la viande et la faire légèrement roussir.
Saupoudrer la farine sur la viande, bien remuer et mouiller avec un verre d'eau.
Couvrir avec le vin, saler et poivrer.
Ajouter le laurier, le thym, les quatre épices, les clous de girofle, l'ail écrasé et les olives.
Laisser cuire doucement pendant 3 à 4 heures.

La viande est cuite lorsqu'on peut la couper avec une cuillère en bois.

Le taureau de Camargue est fier mais pas fada, il ne mange que de l'herbe et du foin de Crau ou de Camargue !
C'est la seule viande rouge de France sous AOC.

Françoise Peytavin, Manade saliérène, Saliers

Lapin à la broche

Couniéu à l'aste

Pour 6 personnes

1 gros lapin fermier
Petit salé
1 litre de vin blanc

Pommade

1 verre de moutarde
1 verre d'huile d'olive
Herbes de Provence
(thym, laurier, romarin...)

Barder le lapin avec le petit salé, l'attacher dans le sens de la longueur et le fixer à la broche.
Préparer la pommade, la battre au fouet.
Badigeonner le lapin d'une couche très épaisse de pommade au pinceau, ce qui le rendra très moelleux.
A mi-cuisson, soit environ 1 heure, arroser le lapin d'abord de vin blanc, puis du jus écoulé.
Servir avec le jus.

Cette vieille recette s'accompagne de préférence avec un aïoli, car autrefois, au cœur de la Provence, on servait l'aïoli avec une viande. Le poisson était trop long à acheminer, en ce « temps des charrettes ».

Maryse et Ghislaine Jean,
Ferme-Auberge « L'Houmet », Monteux

Lapin à la mode d'Hugues

Couniéu à la modo de Ugue

Pour 5 personnes

1 lapin coupé en morceaux
150 g de poitrine de lard
5 à 6 gousses d'ail
1 oignon
1 cuillerée à soupe de margarine
3 cuillerées à soupe de farine
2 verres de château d'Hugues « Grande Réserve »
4 cuillerées d'huile d'olive
Sel, poivre

Faire revenir le lard, l'oignon et l'ail hachés fin dans une cocotte avec l'huile et la margarine.
Égoutter et réserver.
Dans le jus de cuisson, faire sauter et dorer les morceaux de lapin jusqu'à coloration.
Retirer et réserver le foie et les poumons.
Saupoudrer les morceaux de lapin avec la farine en remuant pour bien enrober le tout.
Déglacer la sauteuse avec un verre d'eau, ajouter le lard, les oignons et l'ail.
Hacher le foie et les poumons et ajouter ce hachis.
Verser le vin, saler et poivrer.

Laisser cuire à feu doux environ une heure ou plus si nécessaire.

A déguster avec une « Grande Réserve » du château d'Hugues.

Bernard Pradier, Château d'Hugues, Uchaux

Lapin à l'anchoïade

Couniéu à l'anchouiado

Pour 6 personnes

1 lapin de 1 kg 400
400 g de tomates
150 g de carottes
60 g d'anchois
1 tête d'ail
150 g d'oignons
200 g de petits oignons
1 bouquet garni
20 cl de fond de volaille
20 cl de fond de veau
40 g de beurre
50 g de sucre
20 cl de vin blanc
Huile d'olive
Sel, poivre

Découper le lapin, le faire revenir dans l'huile d'olive. Ajouter les carottes, les oignons coupés en brunoise (petits dés) et l'anchois.
Déglacer au vin blanc et laisser réduire des deux tiers.
Mouiller aux fonds de volaille et de veau.
Ajouter les gousses d'ail pelées, le bouquet garni, les tomates pelées et épépinées.
Saler, poivrer et agrémenter d'une noisette de beurre.
A part, éplucher et glacer les petits oignons avec le sucre et de l'eau et les incorporer au lapin au dernier moment.

Cuire le lapin pendant 1 heure 15 environ.

Un lapin bien accommodé !

Hostellerie de l'Abbaye de Saint-Michel-de-Frigolet, Tarascon

Lapin au romarin

Couniéu au roumanin

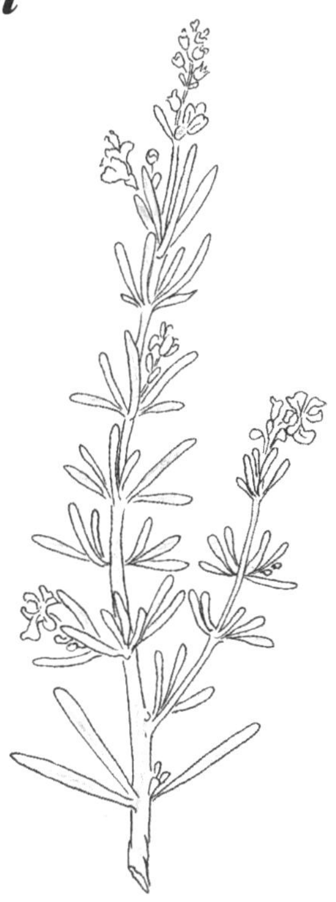

Pour 5 personnes

1 lapin de 1,5 kg
8 tomates
3 à 4 gousses d'ail
1 oignon
5 branches de romarin
1 bonne poignée d'olives noires
Farine
Huile d'olive
Sel, poivre

Faire revenir les morceaux de lapin dans une cocotte huilée. Lorsque ceux-ci sont bien dorés, les retirer, faire suer l'oignon dans la cocotte.
Remettre les morceaux de lapin dans la cocotte sur feu moyen, les saupoudrer de farine.
Remuer une ou deux fois, mouiller avec de l'eau, ajouter les tomates épépinées coupées en deux, l'ail, les olives, le romarin, le sel et le poivre.
Laisser cuire 1 heure 15 environ.

En plus de l'arôme, profitez des vertus fortifiantes, apaisantes, digestives et toniques du romarin.

Christian Richeda, Ferme-Auberge Le Vieux Pressoir, Aubagne

Lapin en paquets

Li paquetoun de couniéu

Pour 4 à 5 personnes

1 lapin de 1,5 kg
1,5 kg de tomates
12 tranches fines de petit salé
5 gousses d'ail
1 oignon
1 branche de thym
4 feuilles de laurier
1 piment oiseau
Huile d'olive
Sel, poivre

La veille

Dans une marmite, faites revenir l'oignon émincé à l'huile d'olive, ajoutez les tomates pelées, épépinées et concassées, une gousse d'ail écrasée, la moitié du laurier, saler et laissez mijoter 2 heures.
A mi-cuisson des tomates, ajoutez le piment oiseau.
D'autre part coupez le lapin en morceaux en le désossant le plus possible, pattes...
Roulez ces morceaux dans de l'huile d'olive, saupoudrez de thym et laissez reposer 12 heures au réfrigérateur ainsi que la sauce tomate.

Le jour même

Coupez 3 gousses d'ail en lamelles.
Roulez et ficelez un morceau de lapin et une lamelle de gousse d'ail dans une tranche de petit salé.
Disposez les paquets dans un plat à four.
Hachez le foie et les rognons avec un peu d'ail et répartissez le hachis dans le plat.
Ajoutez le reste de feuilles de laurier et recouvrez de sauce tomate.
Goûter, rectifier l'assaisonnement et allongez la sauce avec un peu d'eau si nécessaire.
Mettez à four moyen pendant 1 heure 45.

Le piment oiseau apporte de la force et relève les saveurs fines de ces paquets marinés au thym.

Erick Vedel, Maître Cuisinier Provençal, Arles

Lapin poivrade

Couniéu à la pebrado

Pour 6 personnes

1 lapin de 1,5 kg
1 kg de tomates
1 douzaine de tranches fines de petit salé
1 douzaine de brins de romarin
1 oignon
1 verre de vin blanc
Moutarde
Huile d'olive
Sel, poivre

Poivrade

1 branche de céleri
1 carotte
1 demi litre de vin rouge

Couper le lapin en morceaux et les badigeonner de moutarde.
Confectionner des petits paquets en enrobant dans des tranches de petit salé un morceau de lapin et un brin de romarin.
Dans un plat à four huilé, mettre l'oignon émincé et les petits paquets, ajouter les tomates pelées et épépinées coupées en 4.
Mouiller avec le vin blanc.
Saler et poivrer.
Mettre à four chaud pendant une heure.

Préparation de la poivrade

Faire revenir le foie dans l'huile d'olive avec la carotte et le céleri coupés en bâtonnets.
Mouiller avec le vin rouge, saler, poivrer et laisser cuire une demi-heure à feu doux.
Mixer l'ensemble et le verser dans un bol.

Pour ceux qui aiment, lier cette sauce avec du sang du lapin.

Un lapin au four bien moelleux grâce à la tomate et au vin blanc.

Laurence Gimbert, Ferme-Auberge « Lou Manescau », Mazan

Mouton aux pois chiches

Moutoun i pese pounchu

Pour 4 personnes

1 kg de collier ou poitrine de mouton
500 g de pois chiches
(trempés 12 heures dans l'eau avec une cuillerée à café de bicarbonate pour les pois crus)
2 oignons
1 pincée de piment doux
1 pincée de piment fort
1 noix de beurre
3 cuillerées d'huile d'olive
Sel

Dans une cocotte, faites revenir, avec le beurre et l'huile d'olive, la viande coupée en morceaux puis les oignons émincés. Assaisonnez avec le piment doux, le piment fort et le sel. Versez un litre d'eau dans la cocotte et ajoutez les pois chiches.

Mettez la cocotte couverte au four, à feu moyen, pendant 2 heures environ.

Mouton et pois chiches vont très bien ensemble !

Producteurs de pois chiches du Poulagnier, Rougiers

L'oie aux cèpes

L'auco i cepo

Pour 8 à 10 personnes

1 oie fermière de 5 à 6 kg
2 kg de cèpes
3 carottes
4 oignons
3 gousses d'ail
1 branche de céleri
1 branche de thym
Graisse d'oie
Fleur de sel de Camargue
Poivre gris

Couper les oignons en petits morceaux et les carottes en lamelles fines.
Badigeonner l'oie à la graisse d'oie mélangée avec la fleur de sel, mettre l'oie dans un plat à four, ajouter les oignons et les carottes.
Cuire à four moyen pendant une heure et quart environ.
Arroser régulièrement et abondamment toutes les vingt minutes.
Pendant ce temps, faire dégorger les cèpes avec un peu de thym dans une poêle et les réserver.
Quand les oignons commencent à noircir, ajouter un demi-litre d'eau, saler, poivrer, ajouter la branche de céleri et les gousses d'ail en chemise.
Remettre à cuire pendant encore une demi-heure.
Enlever l'oie et dégraisser le jus de cuisson.
Passer la sauce au chinois, goûter et ajuster l'assaisonnement.
Remettre l'oie et la sauce dans le plat à four, ajouter les cèpes, faire cuire encore vingt minutes.

Servir dans le plat et découper l'oie à table.

En accompagnement de ce menu « jour de fête » de haute qualité, Christian propose tout simplement des pâtes fraîches maison.

Christian et Catherine Stemmer-Aptel, éleveurs de volailles, Mazan

Pieds et paquets de 7 heures

Pèd e paquet de 7 ouro

Pour 4 personnes

4 pieds de mouton
1 kg de tripes de mouton
200 g de petit salé
1 kg de tomates
1 oignon
4 gousses d'ail
2 carottes
1 poireau
1 bouquet de persil
1 branche de thym
1 feuille de laurier
1 l de vin blanc
Huile d'olive
Sel, poivre

Laver la tripe et la couper en carrés de 10 centimètres.
Mélanger le petit salé, la moitié de l'ail écrasée et le persil haché, saler et bien poivrer.
Déposer une cuillerée de hachis dans chaque carré de tripe et bien ficeler pour faire les petits paquets.
Les faire suer seuls dans une cocotte, remuer quelques minutes.
Réserver les paquets.
Nettoyer et flamber les pieds de mouton, les blanchir, les rincer à l'eau froide et les égoutter.
Peler les tomates, les épépiner et les couper en petits dés, couper les carottes en fines rondelles, émincer l'oignon et le poireau.
Dans une cocotte, faire revenir l'oignon et le poireau à l'huile d'olive, lorsqu'ils commencent à blondir, ajouter les carottes, les tomates et le reste d'ail écrasé.
Remuer l'ensemble quelques minutes.
Ranger les pieds au fond de la cocotte, superposer les paquets par dessus, couvrir largement l'ensemble de vin blanc et d'autant d'eau.
Ajouter les aromates, assaisonner, couvrir hermétiquement et laisser cuire à feu doux pendant 7 heures.
Servir dans des assiettes chaudes avec des pommes vapeur.

Les quantités sont données pour 4 personnes mais n'hésitez pas à doubler les quantités et les invités pour rentabiliser ce plat si long à préparer mais si bon à manger.

Pieds et paquets marseillais

Pèd e paquet à la marsiheso

Pour 4 personnes

20 paquets farcis préparés
(voir recette pieds et paquets de 7 heures)
4 pieds d'agneau préparés
500 g de tomates mûres
1 petite boite de concentré de tomates
200 g de petit salé
4 gousses d'ail
2 oignons
1 ou 2 piments
1 bouquet de persil
1 bouteille de vin blanc sec
1 verre à liqueur de cognac
Huile d'olive
Sel, poivre

Préparation de la sauce

Faire revenir dans l'huile les oignons émincés, l'ail écrasé, le persil haché, le petit salé haché.
Laisser blondir les oignons, puis ajouter les tomates pelées, le vin blanc, le sel, le poivre, les piments ainsi que le concentré de tomates.
Laisser cuire à grand feu un bon quart d'heure.

Cuisson des paquets

Plonger les paquets dans la sauce, diminuer le feu et laisser mijoter quatre heures à demi couvert.

Cuisson des pieds

Ajouter les pieds, continuez la cuisson encore quatre heures à petit feu, toujours à demi couvert.
L'allongement du temps de cuisson ne fait qu'augmenter la qualité du plat. Pour les amateurs de sauce corsée, ajouter le verre de cognac avant de servir les pieds et paquets.

Gagner du temps en préparant la sauce et la cuisson des paquets la veille. Ce plat marseillais traditionnel se déguste très chaud avec des pommes vapeur.

Pierre Filippi, tripier, Marseille

Pigeonneaux aux petits pois

Pijounet i pese

Pour 4 personnes

4 pigeons fermiers
1,5 kg de petits pois
150 g de lard gras
4 gousses d'ail
2 feuilles de laurier
1 bouquet de persil
30 g de beurre
Huile d'olive
Sel, poivre du moulin

Détaillez le lard en petits cubes, salez et poivrez les pigeons, glissez à l'intérieur de chacun une demie feuille de laurier et une gousse d'ail écrasée.

Faites chauffer l'huile dans une cocotte et dorez les pigeons de tous les côtés.

Ensuite faites suer les petits cubes de lard, ajoutez les petits pois et le persil haché.

Mouillez avec 20 cl d'eau, salez, poivrez.

Couvrez et laissez cuire à feu doux 25 minutes.

Dès que la cuisson est terminée, mixez 5 cuillerées à soupe de petits pois avec la même quantité de liquide de cuisson et le beurre.

Si cette sauce est un peu trop épaisse, détendez-la avec une cuillerée d'eau bouillante.

Disposez sur chaque assiette un fond de sauce agrémenté de quelques petits pois, puis déposez les pigeons et parsemez de feuilles de persil.

Présentez les petits pois à part, dans un légumier.

Un grand classique culinaire !

Brigitte Celerin, Le colombier du Comtat, Sarrians

La pintade aux petits pois

La pintado i pese

<u>Pour 4 à 5 personnes</u>

1 pintade fermière de 1,5 kg
1 kg de petits pois
100 g de petit salé fumé
1 oignon
Graisse d'oie
Fleur de sel de Camargue
Poivre gris

Dans un plat à four, badigeonner la pintade à la graisse d'oie mélangée avec la fleur de sel.
La cuire à four moyen pendant trois quarts d'heure.
Arroser la pintade régulièrement et abondamment tous les quarts d'heure.
Pendant ce temps faire dorer l'oignon émincé et le petit salé dans une poêle, ajouter ensuite les petits pois et les faire cuire 10 minutes.
Verser un verre d'eau à la pintade pour obtenir une sauce avec le jus de cuisson, saler et poivrer la sauce, ajouter les petits pois.
Faire cuire encore un quart d'heure.

Servir le plat et découper la pintade à table.

La volaille au goût sauvage !

Christian et Catherine Stemmer-Aptel,
éleveurs de volailles, Mazan

Pot au feu provençal

Lou bouta-couiro prouvençau

<u>Pour 6 personnes</u>

800 g de plat de côte
800 g de jarret de bœuf
400 g d'épaule de mouton
100 g de petit salé
1 gros os à moelle
500 g de carottes
2 à 3 navets
2 à 3 tomates
2 à 3 poireaux
2 gousses d'ail
1 oignon
1 bouquet garni (Céleri, laurier, cerfeuil, thym)
2 clous de girofles
1 verre de vin blanc
6 petites tartines de pain grillées
Sel, poivre

Disposer la viande, l'os et le petit salé dans une grande marmite, couvrir largement d'eau.
Porter à ébullition en écumant régulièrement.
Couper les navets et les tomates en gros dés, les carottes et les poireaux en rondelles.
Verser le vin blanc et ajouter l'ail écrasé, l'oignon piqué de clous de girofles, les tomates, les navets, carottes, poireaux et le bouquet garni, assaisonner.
Lorsque l'ébullition reprend, écumer et baisser le feu, laisser cuire à feu doux pendant 3 heures.
Dégraisser le bouillon et le passer.
Tartiner la moelle de l'os sur le pain grillé.

Servir le bouillon et le pain grillé, puis la viande et ses légumes.

Ce plat unique complet, goûteux et peu cher régale toute la famille ! On peut ajouter du vermicelle ou du pain grillé nature dans le bouillon.

Poulet aux 40 gousses d'ail

Poulet i 40 veno d'aiet

Pour 4 à 5 personnes

1 poulet de grains
40 gousses d'ail
1 petit bouquet d'estragon
1 petit bouquet de sarriette
1 petit bouquet de thym
1 feuille de laurier
150 g de farine
Pain de campagne grillé
Huile d'olive
Sel, poivre

Saler, poivrer l'intérieur et l'extérieur du poulet, introduire 4 gousses d'ail à l'intérieur.
Dans une cocotte allant au four, faire dorer la volaille dans de l'huile puis jeter cette huile.
Disposer un lit d'herbes dans la cocotte, coucher le poulet et le reste de gousses d'ail « en chemise ».
Façonner un petit boudin assez long pour faire le tour du couvercle avec la farine et de l'eau.
Fermer hermétiquement la cocotte en mastiquant le couvercle avec le boudin.

Cuire 1 heure et demie à 2 heures à four moyen.

Découvrez la cocotte au moment de servir pour libérer un fumet appétissant qui surprendra tous vos convives.
Tartiner la pulpe d'ail sur le pain grillé.

Thierry Berne, Maison Sainte-Victoire,
Saint-Antonin-sur-Bayon

Poulet en bouillabaisse

Lou boui-abaisso de poulet

Pour 6 personnes

1 poulet fermier
1 kg de tomates
1,5 kg de pommes de terre
3 à 4 gousses d'ail
1 oignon
2 branches de fenouil
1 bonne pincée de safran
6 cl de pastis (3 doses)
1 demi verre d'huile d'olive
Sel, poivre

La veille

Découper le poulet en morceaux et les mettre dans un plat avec le pastis, l'huile d'olive et le safran. Laisser mariner la nuit.

Le jour même

Faire réduire doucement l'oignon dans une cocotte huilée avec 3 ou 4 tomates pelées et épépinées. Lorsque le tout est réduit en purée, ajouter les morceaux de poulet, l'ail, le fenouil, le sel et le poivre. Couvrir d'eau, porter à ébullition puis laisser cuire à feu doux en surveillant le poulet.
Au bout d'une bonne heure, retirer et réserver les morceaux de poulet cuits, ajouter dans la cocotte toujours à feu doux les pommes de terre coupées en tranches épaisses, une pincée de sel, le reste des tomates coupées en 2 ou 3 et un peu de safran. Laisser cuire 15 minutes en surveillant cette fois-ci les pommes de terre, surtout qu'elles ne fondent pas !

Compléter avec de l'eau si nécessaire.

Un poulet au goût de tous, à servir entre des tranches de pain grillé avec une rouille.

Christian Richeda, Ferme-Auberge Le Vieux Pressoir, Aubagne

Poulet fermier aux écrevisses

Poulet païsan i chambre

<u>Pour 8 à 10 personnes</u>

1 poulet fermier de 2,5 à 3 kg
1 l de coulis de tomates
1 verre à liqueur de cognac
Sel
1 kg d'écrevisses crues
1 boîte de concentré de tomates
Piment de cayenne
Huile d'olive

<u>Légumes à mixer</u>

1 kg de carottes
3 branches de céleri
8 gousses d'ail
3 poireaux
3 oignons

Passer au mixeur les carottes, les poireaux, les oignons, le céleri, l'ail et la moitié des écrevisses.
Découper le poulet et le faire dorer à l'huile, le retirer et mettre les écrevisses restantes entières, les faire sauter pendant 5 minutes jusqu'à ce qu'elles soient bien rouges.
Flamber au cognac et éteindre au vin blanc qui doit largement recouvrir les écrevisses.
Ajouter les produits mixés, le concentré de tomates puis le coulis.
Saler, pimenter et faire cuire pendant 15 minutes jusqu'à ce que la carapace des écrevisses se détache bien de la chair.
Enlever les écrevisses et remettre les morceaux de poulet.
Faire cuire pendant une heure environ jusqu'à ce que le poulet commence à « remonter les manches ».
Enlever le poulet et réduire la sauce une bonne demi-heure.
Passer la sauce au chinois, remettre la sauce à réduire jusqu'à la consistance voulue, remettre la viande et les écrevisses.
Goûter et ajuster l'assaisonnement, laisser cuire encore 5 à 10 minutes.

Servir le poulet garni d'écrevisses.

En accompagnement de ce succulent plat « jour de fête » Christian propose simplement du pain blanc fariné bien frais pour capter toutes les saveurs du poulet et de la sauce légumes écrevisses.

Christian et Catherine Stemmer-Aptel, éleveurs de volailles, Mazan

Poulet rôti sauce provençale

Poulet rousti sausso prouvençalo

Pour 6 personnes

1 poulet fermier
5 tomates
2 tranches de petit salé
2 poignées d'olives noires
3 gousses d'ail
1 oignon
herbes de Provence (thym, romarin...)
2 verres de vin blanc
Huile d'olive
Sel, poivre

Découper le poulet, saler, poivrer les morceaux de poulet et les faire dorer.
Peler les tomates, les épépiner et les couper en petits dés.
Retirer les morceaux de poulet, faire revenir à l'huile d'olive l'oignon émincé, l'ail écrasé, le petit salé et les tomates.
Baisser le feu, ajouter le vin, le sel, le poivre, les herbes et les olives, laisser mijoter 10 minutes.
Remettre le poulet, ajuster l'assaisonnement et couvrir.
Laisser cuire 30 minutes à feu doux.

Un poulet aux senteurs de Provence.

Laurence Gimbert, Ferme-Auberge « Lou Manescau », Mazan

Rognons d'agneau sur canapé

Rougnoun d'agnèu sus canapè

Pour 4 personnes

6 rognons d'agneau
1 cuillerée à soupe de vinaigre
1 demi verre de porto ou de vin rouge
Tranches de lard
4 grandes tranches de pain de campagne

Couper les rognons en deux, les débarrasser du gras et les rincer au vinaigre.
Faire chauffer un peu d'huile dans une poêle et cuire les rognons à feu doux, pour éviter qu'ils ne durcissent, pendant environ 30 minutes.
Déglacer avec le vinaigre et le porto ou le vin.
Lorsque les rognons sont presque cuits, couper les tranches de pain et les mettre sur une plaque allant au four.
Disposer sur le pain côte à côte les demis rognons et le lard à la manière de brochettes horizontales.
Arroser chaque tartine avec le fond de déglaçage.
Mettre à four moyen pendant environ 20 minutes.

Savourez ces rognons d'agneau, les plus fins de tous les rognons, avec une salade verte.

Josette Morard, Ferme-Auberge La Grange de Papé, Caromb

Rôti de veau en cocotte

<u>Pour 4 personnes</u>

1 kg de rôti de veau
1 carotte
1 oignon
1 bouquet garni
Huile d'olive
Sel, poivre

Dans une cocotte, faire revenir l'oignon émincé à l'huile d'olive.
Saler et poivrer le rôti et le faire dorer dans la cocotte sur toutes ses faces.
Verser un verre d'eau, ajouter la carotte coupée en bâtonnets et le bouquet garni.
Faire cuire à feu doux et à couvert pendant 40 minutes.
Surveiller la cuisson en arrosant le rôti avec son jus et en le retournant de temps en temps.
Saler, poivrer et laisser reposer le rôti 10 minutes.

Le découper en tranches fines avant de le servir.

Le temps de Pentecôte est la meilleure période pour apprécier cette viande tendre parfumée et très moelleuse.

Salmis de pigeons façon Brigitte

Lou sàlmi de pijoun de Bregido

<u>Pour 4 personnes</u>

4 pigeons
3 verres de bouillon de volaille
3 verres de vin rouge
3 cuillerées à soupe de farine
Beurre
Huile d'olive
Sel, poivre du moulin

Dans une cocotte mettez le beurre et l'huile et faites revenir les pigeons.
Quand ils sont bien dorés, ajoutez le vin et le bouillon de volaille bouillant, salez, poivrez.
Laissez cuire à l'étouffé pendant trois quarts d'heure à petit feu.
Pendant ce temps, maniez 2 cuillerées à soupe de beurre avec la farine.
Retirez les pigeons et liez la sauce avec cette préparation.
Remettez les pigeons.
Laissez-les cuire encore 15 minutes environ à petit feu.

Servir chaque pigeon sur une large tranche de pain de campagne grillé.
Bon appétit, oh ministres intègres !

Brigitte Celerin, Le colombier du Comtat, Sarrians

Terrine de lapin

Tian de couniéu

Pour 10 à 12 personnes

600 g de chair de lapin (choisir un gros lapin de 3 kg)
250 g de gorge de porc
250 g de lard maigre
10 g de gras de bœuf
1 jarret de veau
1 barde de lard
1 couenne
1 oignon
1 carotte
1 verre de marc de Provence
Sel, poivre
3 feuilles de laurier
2 branches de thym
un peu de vin blanc

Désosser le lapin, réserver le dos pour faire de petits filets et les os pour faire le jus.
Mettre dans une casserole les os de lapin, le jarret de veau et le vin blanc.
Mouiller avec un bol d'eau et faire cuire 2 heures à feu doux.
Pendant ce temps, hacher le reste du lapin y compris le foie et le cœur avec les gorges de porc, le lard et le gras de bœuf.
Ajouter un oignon émincé, une carotte râpée, le sel et le poivre gris, mélanger.
Garnir le fond de la terrine de la barde de lard, puis une couche de hachis, une couche de petits filets, une couche de hachis, etc.
Ajouter le verre de marc et recouvrir avec le reste de couenne.
Disposer sur la terrine les feuilles de laurier et le thym.
Couvrir et cuire à four moyen pendant 1 heure, découvrir et continuer à cuire 1 heure et demi.
Retirer du four et arroser avec le jus.

Pour conserver la terrine, verser du saindoux fondu et la couvrir de papier cuisson.

Une terrine parfumée et moelleuse, l'authentique terrine de lapin !

Mireille et Henri Goletto,
Ferme-Auberge Le Bas Chalus, Forcalquier

Tourte aux deux viandes

Croustado i dos viando

Pour 5 personnes

1 pâte brisée
1 pâte feuilletée
200 g de viande de veau hachée
200 g de viande de taureau hachée
3 tomates
2 œufs
1 oignon
1 branche de thym
100 g de fromage râpé
1 cuillerée à soupe de moutarde
2 cuillerées à soupe d'huile d'olive
Sel, poivre

Mettre la pâte brisée dans un moule, la saupoudrer de fromage râpé.
Mélanger dans un saladier la viande hachée, la moutarde, un œuf, le sel et le poivre.
Répartir le mélange sur la pâte brisée.
Recouvrir de rondelles de tomates, d'oignon émincé et de thym émietté.
Arroser le tout d'huile d'olive.
Badigeonner le bord de la pâte brisée avec du jaune d'œuf.
Disposer la pâte feuilletée sur l'ensemble, coller les bords en appuyant avec les doigts.
Dorer la pâte feuilletée avec le reste du jaune d'œuf et tracer des croisillons avec la lame d'un couteau.
Faire une cheminée au centre d'un centimètre de diamètre avec du papier cuisson.

Laisser cuire 45 minutes à four chaud.

Cette tourte cuisinée au veau et au taureau a un surnom : « Elle est bonne ta tourte tatie » !

Tripes provençales

Gras double à la prouvençalo

Pour 4 à 5 personnes

1,5 kg de tripes (gras double)
1 pied de veau
500 g de tomates pelées
1 petite boite de concentré de tomate
20 g de petit salé
4 gousses d'ail
2 oignons
1 ou 2 piments
1 bouquet de persil
1 bouteille de vin blanc sec
Huile d'olive
Sel, poivre

Nettoyer et flamber le pied de veau. Faire revenir dans l'huile, l'ail écrasé, les oignons émincés, le persil et le petit salé hachés.
Laisser blondir les oignons, puis ajouter les tomates pelées, le vin blanc, le sel, le poivre, le ou les piments ainsi que le concentré de tomates.
Laisser cuire à grand feu un bon quart d'heure puis plonger les tripes.
Diminuer le feu et laisser mijoter quatre heures à demi couvert avant d'ajouter le pied de veau.
Continuer la cuisson encore quatre heures à petit feu et toujours à demi couvert.

L'allongement du temps de cuisson ne fait qu'augmenter la qualité du plat.

Comme pour les pieds et paquets, les légumes d'accompagnement sont les pommes vapeur.
Vous pouvez également préparer la veille, la sauce et la première cuisson avant de mettre le pied de veau.
Pour les amateurs de sauce corsée ajouter un verre à liqueur de cognac avant de servir les tripes bien chaudes !

Pierre Filippi, tripier, Marseille

Fromages de chèvre à l'huile d'olive

Froumajoun de cabro à l'òli d'óulivo

Petits chèvres secs
1 piment « oiseau »
1 petit bouquet de thym
1 feuille de laurier
1 bouquet de sarriette
Huile d'olive

Dans un petit bocal stérilisé mettre le piment et le laurier.
Empiler les fromages en les séparant de brins de sarriette.
Entourer les fromages de branchettes de thym, couvrir le tout d'huile d'olive.

Fermer le bocal et patienter un mois avant de déguster.

Préparez plusieurs bocaux en réserve pour l'apéritif, les salades et... au fromage !

Soufflé au fromage de chèvre

Boufet au froumage de cabro

500 g de fromage de chèvre frais
6 œufs
35 g de farine tamisée
75 g de beurre ramolli
100 g de sucre

Monter les blancs d'œuf en neige très ferme, mélanger les jaunes d'œufs et le sucre.
Lisser le fromage sur feu doux et le réserver.
Dans une grande casserole, faire fondre le beurre à feu très doux, ajouter la farine et mélanger au fouet.
Hors du feu, incorporer petit à petit le fromage, puis les jaunes d'œufs et enfin les blancs d'œufs.
Verser aux trois quarts d'un grand moule beurré.

Mettre à four doux environ 20 minutes et surveiller.

Gourmands, soyez à l'heure, mieux vaut attendre le soufflé que faire attendre le soufflé.

Élevages d'Alpes Provence, Manosque

Beignets aux fleurs d'acacia

Bougneto i flour d'acacia

Pâte à beignets (voir recette des sardines en beignets)
Grappes de fleurs d'acacia
Sucre en poudre
Huile à friture

Tremper chaque grappe dans la pâte à beignet très liquide, puis les plonger dans l'huile très chaude jusqu'à coloration.
Les sortir avec une écumoire et les égoutter.
Les saupoudrer de sucre et servir bien chaud.

Les grappes de fleurs d'acacia abondantes en été deviennent une gourmandise pour l'œil, l'odorat et le palais !
« Robinier » est le vrai nom de cet arbre aux grappes de fleurs.

Biscuits de pois chiches aux pistaches

Bescue de pese pounchu i pistacho

250 g de farine de pois chiches
125 g de sucre glace
125 g de beurre
1 demie cuillerée à café de cardamome
Graines de pistaches

Mélanger la farine, le sucre, la cardamome et le beurre. Laisser reposer 3 à 4 heures puis préparer des morceaux de pâte d'un centimètre d'épaisseur.
Cuire à four moyen pendant 7 minutes.
Décorer les biscuits avec les graines de pistaches.
Laisser refroidir dans le four éteint.

Producteurs de pois chiches du Poulagnier, Rougiers

Blanc-manger aux amandes

200 g d'amandes mondées (sans peau)
200 g de sucre semoule
1 verre de lait
6 feuilles de gélatine
300 g de crème fraîche

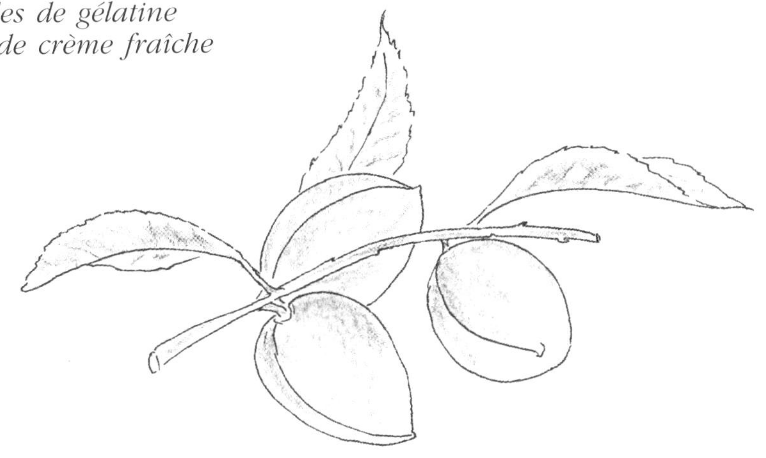

Verser le lait et le sucre dans une casserole, chauffer légèrement pour dissoudre le sucre.
Piler les amandes tout en versant un verre d'eau en petit filet.
Verser le lait sur les amandes pilées et filtrer le tout dans un torchon.
Récupérer l'extrait d'amandes en tordant fortement le torchon.
Tremper les feuilles de gélatine dans de l'eau froide, les égoutter et les faire fondre dans le lait filtré.
Fouetter la crème en « chantilly ».
Lorsque le lait refroidi commence à s'épaissir, incorporer la crème fouettée.

Mettre dans des ramequins et conserver au réfrigérateur.

Cet ancien entremet « au torchon » est toujours présent pour ses qualités gustatives et ses vertus anti-vieillissement.

Brassadeau

Brassadèu

<u>Pour 25 pièces</u>

500 g de farine
5 œufs
30 g de levure de boulanger
80 g de sucre
50 g de beurre
7 g de sel

Faire fondre dans un saladier la levure avec un demi verre d'eau tiède.
Mélanger les ingrédients et bien les pétrir pour obtenir une pâte homogène.
Former une boule et la laisser reposer deux heures.
Rabattre la pâte, laisser à nouveau reposer une heure.
Former des anneaux d'une dizaine de centimètres de diamètre.
Les pocher à l'eau bouillante, et les laisser sécher sur du papier absorbant.

Mettre à four chaud durant dix minutes.

Cet échaudé très ancien se fait pour toutes les fêtes, notamment pour les fêtes patronales !
Il est plus réussi en préparant la pâte la veille.

Jean-Marie Fassy, Boulanger-Pâtissier, Maillane

Brioche provençale

Coco prouvençalo

<u>Pâte à brioche</u>

250 g de farine
3 œufs
100 g de sucre en poudre
125 g de beurre ramolli
10 g de levure de boulanger
Lait

<u>Garniture de la brioche</u>

Sucre granulé
Jaune d'œuf

<u>Préparation de la pâte à brioche</u>

Délayer la levure dans un demi verre d'eau tiède. Faire une fontaine avec la farine, verser la levure délayée et mélanger petit à petit, ajouter les œufs, le sucre et le sel. Travailler l'ensemble jusqu'à l'obtention d'une pâte homogène et non collante aux doigts.
Ajouter petit à petit le beurre ramolli et continuer à pétrir.
Mettre la pâte dans un saladier, le recouvrir d'un torchon et laisser lever la pâte dans un endroit tempéré sans courant d'air pendant 4 heures.

<u>Préparation de la brioche</u>

Retravailler la pâte et la mouler en couronne.
La dorer au pinceau avec le jaune d'œuf et la parsemer de sucre granulé.

Cuire à four moyen pendant 30 minutes.

Cette brioche très simple est appréciée au petit déjeuner, au goûter et à tout moment de la journée !

Alain Bouchard, Pâtissier, Apt

Bugnes ou Merveilles

Bougneto o auriheto

<u>Pour 40 pièces</u>

500 g de farine
100 g de pâte fermentée
(voir levain dans la recette de la fougasse)
3 œufs
25 g de sucre
1 citron
Fleur d'oranger
100 g de beurre
Huile de friture
Sel

Disposer la farine en fontaine dans un grand saladier et mélanger petit à petit l'eau de fleur d'oranger, le jus de citron, les œufs, le sucre, le sel et le beurre ramolli.
Ajouter le levain et travailler l'ensemble en mouillant à l'eau tiède jusqu'à ce que la pâte soit lisse et homogène.
Faire une boule et la laisser reposer dans un saladier recouvert d'un torchon pendant au moins 12 heures.
Mettre à chauffer l'huile à friture.
Abaisser la pâte au rouleau pour obtenir une épaisseur de 2 à 5 millimètres.
Découper des losanges puis les fendre au milieu.
Les plonger dans la friture bien chaude.
Les faire dorer sur les deux côtés, les retirer et les égoutter.

Bugne, le beignet provençal du carnaval.

Jean-Marie Fassy, Boulanger-Pâtissier, Maillane

Les Calissons

Li calissoun

<u>Pour 25 pièces</u>

Papier azyme dit également « Papier hostie »
250 g de poudre d'amande
250 g de sucre en poudre
1 orange confite
2 cuillerées à soupe de fleur d'oranger

<u>Préparation du glaçage</u>

1 blanc d'œuf
100 g de sucre glace

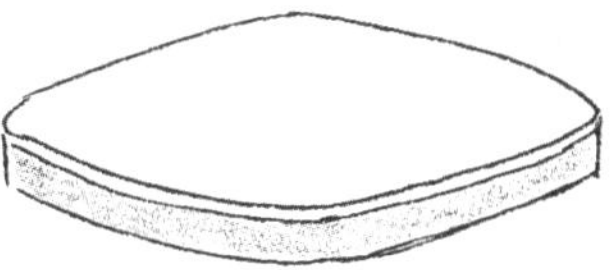

Mélanger la poudre d'amande avec le sucre, l'orange confite et l'eau de fleur d'oranger.
Malaxer le tout dans une casserole sur feu très doux avec une cuillère en bois.
Le mélange perd son eau et devient une pâte homogène et collante mais ne doit pas caraméliser.
Huiler une plaque allant au four et la garnir de papier azyme.
Disposer la pâte sur le papier azyme et la rabattre sur une hauteur de un centimètre.
Découper des losanges de deux centimètres de côté dans la pâte.

<u>Préparer le glaçage</u>

Mélanger dans un saladier le sucre glace et les blancs d'œufs, malaxer pour obtenir une pâte lisse et coulante.
La verser sur la pâte découpée en losanges.
Mettre à four moyen quelques minutes.

Aussi bon à goûter que son nom est doux à entendre ! Vous pouvez remplacer l'orange confite par de la confiture ou du sirop d'orange. Les calissons sont également utilisés pour décorer d'autres pâtisseries, ils font partie des treize desserts de Noël.

Salade de fraises au rosé de Provence

<u>Pour 4 personnes</u>

1 kg de fraises
100 g de sucre
25 cl de rosé de Provence

Environ une heure avant le repas, versez les fraises dans un grand saladier, saupoudrez de sucre, puis arrosez (avec le rosé bien sûr). Laissez s'imbiber le tout en mélangeant de temps en temps.

Quand arrive le moment du dessert... régalez-vous !

Cette recette gourmande au parfum de Provence est simple et rapide... il suffit d'y penser !

Chausson géant aux pommes

Lou caussoun i poumo

<u>Pour 4 personnes</u>

Pâte feuilletée
1 pomme et demie
1 jaune d'œuf
Sucre roux

Éplucher, épépiner les pommes et les couper en lamelles.
Étendre la pâte en rond.
Garnir la moitié de pâte avec les lamelles de pommes, en les faisant chevaucher, tout en laissant une marge d'un centimètre et demi sur le bord extérieur.
Saupoudrer les lamelles de pommes de sucre roux.
Badigeonner la marge de jaune d'œuf.
Rabattre la moitié de pâte nue sur la moitié garnie de pommes.
Appuyer avec les doigts sur les bords pour les souder.
Dorer la partie supérieure avec le reste du jaune d'œuf et tracer des croisillons avec la lame d'un couteau.

Faire cuire 25 minutes à four chaud.

Simple, rapide, et bon comme une compote... Ce chausson révèle tout son parfum au moment de le croquer !

Chichis frégis

Li chichi fregi

500 g de pois chiches cuits
6 œufs
100 g de sucre en poudre
10 cl de fleur d'oranger
25 cl de lait
7 g de levure du boulanger

Peler les grains et les réduire en purée.
Mélanger les jaunes d'œufs battus, le lait, l'eau de fleur d'oranger, le sucre en poudre et la levure délayée dans de l'eau tiède.
Travailler le tout puis ajouter les blancs d'œufs battus en neige.
Laisser lever la pâte environ une heure.
Elle doit être fluide, la verser dans la friture en faisant un long boudin circulaire d'un seul tenant.
Une fois doré, déposer le chichi frégi sur un papier absorbant et l'enrober de sucre.

Servir très chaud.

Chichis sans soucis de notre enfance !

Producteurs de pois chiches du Poulagnier, Rougiers

Clafoutis grand'mère

Lou clafouti de la grand

Pour 6 à 7 personnes

500 g de cerises Bigarreau ou cerises rouges
150 g de farine
3 œufs
150 g de sucre en poudre
10 g de levure de boulanger
100 g de beurre
1 verre de lait

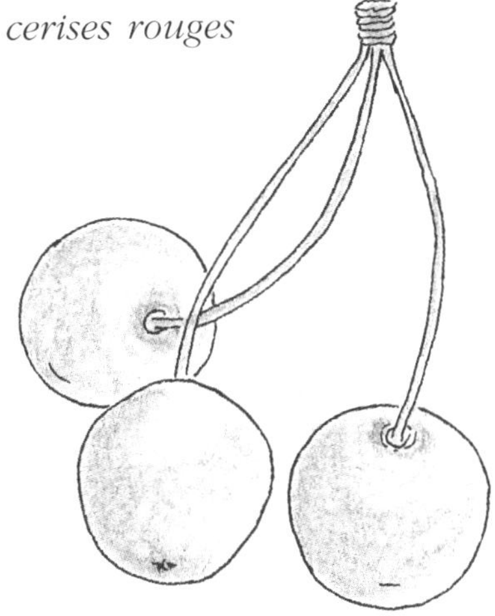

Répartir les cerises dans un moule beurré, bien mélanger le beurre fondu et le sucre dans un grand saladier.
Ajouter les œufs un par un puis la farine et la levure délayée dans de l'eau tiède.
Incorporer petit à petit le lait jusqu'à l'obtention d'une pâte fluide et homogène.
Verser la pâte sur les cerises.

Mettre à four chaud pendant 30 minutes.

En conservant les noyaux de cerises, le clafoutis est plus rustique mais a surtout un goût de cerise plus prononcé.

Ingrid et Gianni Ladu, Ferme-Auberge Le Castellas, Sivergues

Confiture d'abricots et ses amandes

Counfituro d'ambricot e sis amelo

Pour 6 à 8 personnes

2 kg d'abricots bien mûrs et dénoyautés
2 kg de sucre en poudre
1 gousse de vanille

Partager les abricots en deux oreillons, garder une quarantaine de noyaux, les casser pour récupérer les amandes.
Blanchir ces amandes, les refroidir à l'eau, retirer la peau et les réserver.
Verser le sucre dans une bassine, mouiller avec un demi-litre d'eau, ajouter la vanille ouverte sur sa longueur.
Porter à ébullition et la maintenir 3 minutes.
Déposer les fruits et les amandes dans le sirop et cuire à feu vif tout en remuant de temps en temps en « ramassant » les bords à la spatule en bois.
Après 20 minutes environ, vérifier la cuisson : Le sirop doit napper l'écumoire et former des gouttelettes en retombant.

Écumer et mettre en pots.

Une confiture à déguster que vous pouvez offrir pour son plus bel effet d'amandes apparentes autour de la verrine.

Confiture de pastèque blanche

Counfituro de citro

1 petite pastèque blanche
800 g de sucre par kilo de chair de pastèque
1 citron non traité
1 orange non traitée
1 verre d'eau de vie

La veille

Partager la pastèque en quartiers, les éplucher et les épépiner.
Couper la chair en gros dés et la peser pour déterminer le poids de sucre.
Couper le citron et l'orange en fines rondelles, les épépiner.
Les verser dans un saladier avec la pastèque, ajouter et mélanger le sucre.
Recouvrir le saladier et laisser macérer 12 heures.

Le jour même

Verser la pastèque macérée dans une bassine à confiture.
Chauffer la bassine et maintenir juste à ébullition en tournant doucement les dés avec une cuillère en bois.
Lorsque les dés deviennent transparents, continuer à tourner en surveillant le sirop : La confiture est bonne lorsque le sirop « perle », c'est à dire qu'il forme une perle lorsqu'on souffle horizontalement sur le contenu de la cuillère en bois.

Ajouter l'eau de vie et mettre en pots.

Confiture de melon

Counfituro de meloun

Même recette que pour la pastèque, choisir un melon pas très mûr mais très parfumé.

Les deux confitures peuvent être agrémentées de morceaux d'angéliques et de fruits confits de Provence.

Crème brûlée à la lavande

Cremo rabinado à la lavando

Pour 6 personnes

25 cl de lait
6 jaunes d'œufs
170 g de sucre en poudre
6 à 7 g de grains de lavande fine
50 cl de crème fraîche
100 g de cassonade

Faire bouillir le lait avec la lavande et laisser ensuite infuser 12 heures.
Dans un cul de poule, mettre les jaunes d'œufs et les fouetter en incorporant le sucre jusqu'à blanchiment de la préparation.
Passer le lait, tiédir le lait et la crème fraîche, les incorporer lentement à la préparation en fouettant.
Laisser reposer 45 minutes.
Rincer les cassolettes à l'eau froide sans les essuyer.
Répartir la crème dans les cassolettes et les mettre au bain-marie avec de l'eau à mi-hauteur des cassolettes.
Mettre à four moyen pendant 20 minutes.
Laisser refroidir et réserver au froid.
Au moment de servir, parsemer les crèmes de cassonade et brûler le dessus avec l'appareil à gaz ou mettre au grill du four.

Servir immédiatement.

Comme pour la glace du même nom, la crème garde un subtil parfum de lavande.

Mireille et Henri Goletto, Ferme-Auberge Le Bas Chalus, Forcalquier

Crème brûlée aux marrons

Cremo rabinado i marroun

Pour 10 personnes

200 g de crème de marron
75 cl de litre de lait
50 cl de crème fraîche
7 œufs entiers
7 jaunes d'œufs
4 cuillerées à soupe de sucre brun
70 g de sucre en poudre

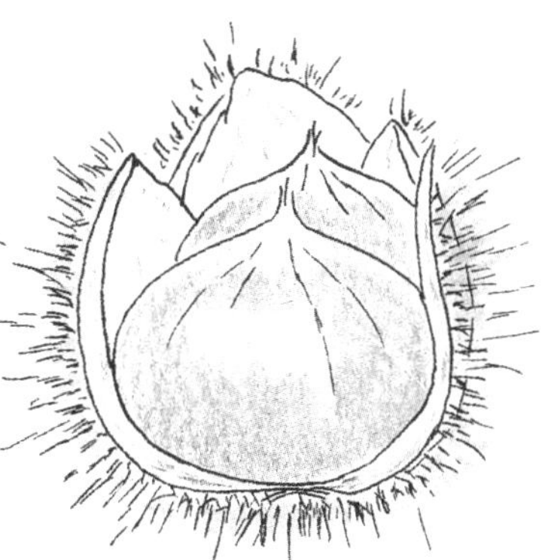

Mélanger la crème fraîche, le lait et les œufs au mixeur pendant 5 bonnes minutes.
Répartir dans des ramequins en mettant au milieu une cuillerée à soupe de crème de marrons et de sucre blanc.
Faire cuire au bain-marie à feu doux pendant 45 minutes.
Quand les crèmes sont froides, saupoudrer avec le sucre brun.
Passer au gril.

Ce dessert énergétique est encore meilleur en remplaçant la crème de marron par du confit de marron ou de châtaignes.

Michèle Aquadro, Ferme-Auberge La Fouquette, Les Mayons

Crêpes de petit épeautre

Crespeù d'espèuto

Pour 4 personnes

250 g de farine de petit épeautre
3 œufs
2 cuillerées à soupe de sucre
2 cuillerées à soupe d'huile
1 demi-litre de lait
Sel

Mettre la farine dans un saladier, faire une fontaine.
Battre les œufs, le lait, le sucre, le sel et l'huile.
Verser ce liquide dans la fontaine et l'incorporer à la farine.
Laisser reposer au frais 30 minutes.
Verser et répartir une petite louche de pâte sur une poêle huilée et chaude.

Dorer la crêpe sur ses deux côtés.

Garnissez les crêpes de sucre, de confiture, ou encore meilleur, de miel et d'amandes !

Bernard Bonnefoy, producteur de petit épeautre Le Seigneur, Sault

Croquants aux amandes

Li cacho-dènt is amelo

200 g d'amandes entières
190 g de farine tamisée
4 blancs d'œufs
350 g de sucre semoule
150 g de cassonade

Mélanger le sucre et la cassonade, ajouter les amandes grossièrement hachées et incorporer les blancs d'œufs.
Terminer avec la farine.
Allonger un boudin de pâte et découper dans cette bande des bâtonnets de 1 à 2 centimètres de large.
Disposer les bâtonnets suffisamment espacés sur une plaque à four beurrée.
Cuire à four chaud jusqu'à éclatement et couleur souhaitée.

Décoller après un léger refroidissement.

C'est à croquer !

Henri Schaeffer, Pâtissier Les délices de Daudet, Fontvieille

Croustade aux fruits de saison

Croustado i fru de sesoun

<u>Pour 4 personnes</u>

1 kg de fruits de saison (abricots, cerises, coings, figues, mûres, poires, pommes, prunes...)
1 œuf
250 g de farine
125 g de sucre en poudre
125 g de beurre ramolli
1 zeste de citron

Choisir des fruits de saison mûrs de plusieurs variétés. Les dénoyauter éventuellement et pour les fruits suffisamment gros, les couper en dés de 2 ou 3 centimètres.
Mettre les fruits dans un plat à four beurré et les mélanger.
Dans un grand saladier, mélanger le sucre, la farine, le zeste de citron râpé et l'œuf.
Pétrir le tout en incorporant petit à petit le beurre jusqu'à l'obtention d'une pâte granuleuse.
La répartir sur les fruits.

Faire cuire à four moyen pendant 40 minutes.

Pour accommoder de manière croustillante les fruits de toutes les saisons ! Tutti frutti !

Délice aux fruits

Delice i fru

400 g de fruits (fraises, pèches, abricots...)
100 g de sucre
25 cl de crème fraîche

Mixer le tout.
Servir très frais.

Difficile de faire plus simple et plus délicieux !

Maryse et Ghislaine Jean, Ferme-Auberge « L'Houmet », Monteux

Fougasse

Fougasso

500 g de farine
80 g de sucre
40 g de beurre (facultatif suivant le moelleux ou craquant recherché)
20 g de levure de boulanger
75 g d'huile d'olive
1 pincée de sel

<u>Préparation du levain la veille</u>

Faire fondre dans un saladier la levure avec un demi verre d'eau tiède.
Mélanger 100 grammes de farine, la levure délayée. Bien pétrir le tout et former une boule.
Recouvrir le saladier d'un torchon et laisser lever toute une nuit dans un endroit assez chaud.

<u>Le jour même</u>

Malaxer le reste des ingrédients, les lier avec un peu d'eau tiède et les pétrir jusqu'à l'obtention d'une pâte souple et homogène.
Incorporer petit à petit le levain.
Laisser au repos environ une heure et demi, la pâte doit doubler de volume.
Étaler sur une plaque beurrée et farinée, faire six à huit entailles obliques bien marquées dans la pâte avec une spatule en bois.
Mettre à four chaud pendant 10 minutes.

La fougasse fait partie des plus anciennes traditions puisqu'on en offrait déjà aux dieux !

Jean-Marie Fassy, Boulanger-Pâtissier, Maillane

Figues en entrée

Figo en intrado

Figues fraîches
1 citron
1 petit bouquet de persil
Sel

Partager en deux ou en quatre les figues épluchées.
Les ranger sur un ravier, les entourer de branches de persil et de tranches de citrons.
Elles se dégustent légèrement salées et arrosées de jus de citron.

Servir frais, c'est simple, c'est bon et ça combat la paresse intestinale !

Jacqueline Honoré, Les Figuières du Mas de Luquet,
Graveson-en-Provence

Figues au dessert

Figo en dessèr

Pour 6 personnes

6 figues
1 cuillerée à soupe d'alcool
6 boules de glace à la vanille

Ouvrir chaque figue en six sans détacher les morceaux afin d'obtenir une superbe fleur étoilée.

Verser une goutte d'alcool au centre et déposer une boule de glace.

Un dessert féerique : La goutte d'alcool réveille le parfum de la figue, la boule de glace la pare d'un cœur d'or.

Jacqueline Honoré, Les Figuières du Mas de Luquet,
Graveson-en-Provence

Le Galapian

Lou Galapian

Pour 6 à 8 personnes

500 g de pâte sablée
4 blancs d'œufs
200 g de poudre d'amandes
125 g de sucre en poudre
200 g de tranches de melon confit
50 g de miel

Pour la garniture

Quelques angéliques, bigarreaux ou autres fruits confits.

Disposer la pâte dans un moule de 25 centimètres en la faisant remonter sur les bords.
Recouvrir de melon confit coupé en fines tranches de 3 millimètres d'épaisseur.
Monter les blancs d'œufs en neige.
A part, mélanger la moitié du sucre avec la poudre d'amandes puis incorporer le reste du sucre et les blancs d'œufs.
Verser le tout dans le moule.
Disposer par-dessus les fruits confits réservés pour la garniture.
Cuire à four très chaud pendant 20 minutes.
Porter à ébullition le miel dans 50 g d'eau.
Sortir le gâteau du four et le glacer avec le sirop de miel à l'aide d'un pinceau.
Remettre au four quelques minutes pour faire prendre le glaçage.

Laisser ensuite reposer le gâteau à température ambiante ou au frais.

Ce galopin au ventre rond est une création pour la spécialité d'Apt, capitale mondiale du fruit confit.

Alain Bouchard, Pâtissier, Apt

Gâteau à la frangipane

Pastissarié à la frangipano

2 pâtes feuilletées
125 g de poudre d'amandes
100 g de sucre
2 œufs
1 jaune d'œuf
10 cl de crème fraîche

Étaler la première pâte feuilletée sur une plaque à four. Dans un saladier, mélangez la poudre d'amandes, le sucre, les œufs entiers, la crème pour obtenir une pâte homogène.
La disposer régulièrement sur la première pâte feuilletée en laissant une marge de deux centimètres sur les bords.
Badigeonner cette marge avec du jaune d'œuf.
Recouvrir l'ensemble de la deuxième pâte feuilletée et souder les deux pâtes en appuyant sur les bords.
Dorez la partie supérieure avec le restant du jaune d'œuf et dessiner des losanges avec la lame d'un couteau.

Mettre à four moyen pendant 45 minutes.

Les papilles redemandent cette saveur caractéristique d'amande.

Colette Doche, fruits secs et amandes travaillées, Cavaillon

Gâteau à la noix de coco

Pastissarié à la nose de cocot

Pour 6 personnes

300 g de farine de riz de Camargue
4 œufs
125 g de poudre d'amandes
350 g de noix de coco râpée, séchée
560 g de sucre en poudre
1 demi cuillerée à café de graines de cardamome moulues
1 quart de cuillerée à café de clous de girofle en poudre
1 quart de cuillerée à café de cannelle en poudre
1 cuillérée à soupe d'eau de rose
1 sachet de levure chimique

Broyer ou mixer la noix de coco râpée avec trois quarts de litre d'eau jusqu'à ce que la noix de coco soit pulvérisée.
Battre les jaunes d'œufs dans un grand bol avec 2 cuillerées à soupe de noix de coco liquéfiée et 500 grammes de sucre pour obtenir un mélange crémeux. Ajouter le restant de la noix de coco liquéfiée et battre encore quelques minutes.
Dans un autre bol, travailler le mélange de farine, la levure et les épices moulues, incorporer le mélange de noix de coco, l'eau de rose et la poudre d'amandes, battre la pâte.
Monter les blancs en neige très ferme en ajoutant le sucre restant et les incorporer à la pâte.
La verser dans un moule carré tapissé de papier sulfurisé et beurré.
Laisser cuire 1 heure 15 à 1 heure 30 à four moyen jusqu'à ce que le gâteau soit bien levé et doré.
Il est cuit lorsque la lame d'un couteau enfoncé dans le gâteau ressort propre.
Laisser tiédir dans le moule, puis démouler et laisser refroidir sur une grille.

Servir le gâteau découpé en petits carrés.

Le riz du bord de mer au parfum des îles !

Robert Bon, Bongran Rizerie du Petit Manusclat, Le Sambuc

Gâteau au chocolat

Pastissarié au choucoulat

200 g de chocolat pâtissier
150 g de farine
5 œufs
250 g de sucre en poudre
100 g de beurre

Pour le nappage

200 g de chocolat pâtissier
25 g de beurre
2 cuillerées à soupe de crème fraîche

Battre les jaunes d'œufs avec le sucre en poudre.
Faire fondre au bain-marie le beurre et la tablette de chocolat cassée en petits morceaux.
Retirer le récipient du bain-marie, ajouter petit à petit la farine, puis verser le tout dans les jaunes d'œufs.
Bien mélanger le tout.
Battre les blancs d'œufs en neige et les incorporer au mélange.
Verser l'ensemble dans un moule beurré.
Mettre à four moyen pendant 30 minutes.
Sortir du four et laisser refroidir.

Préparer le nappage

Chauffer au bain-marie le beurre et la tablette de chocolat cassée en petits morceaux.

Incorporer la crème fraîche et napper le gâteau.

La recette de ce gâteau moelleux et fort en chocolat s'est transmise à toute la famille ! Et maintenant...

Sandrine Galmiche, Mas Saint-Laurent, Salon-de-Provence

Gâteau aux amandes

Pastissarié is amelo

300 g de poudre d'amandes
2 œufs entiers
3 jaunes d'œufs
4 blancs d'œufs
150 g de sucre en poudre
3 quarts de verre de liqueur (cointreau ou ananas)

Mélangez bien la poudre d'amandes, les œufs entiers, les jaunes d'œufs et le sucre.
Incorporer les blancs battus en neige ferme.
Faire cuire au four chaud pendant 25 minutes.

Laisser tiédir puis imbiber avec la liqueur étendue d'un quart de verre d'eau.

Les grands gourmands peuvent décorer avec de la chantilly.

Colette Doche, fruits secs et amandes travaillées, Cavaillon

Gâteau de châtaignes

Pastissarié i castagno

1 kg de pulpe de châtaignes
380 g de sucre en poudre
250 g de beurre

Mélanger la pulpe, le beurre et le sucre sur un feu doux.
Tourner rapidement pour que le beurre ne cuise pas.
Verser dans un moule à cake.

Mettre au frais 24 heures.

Servir avec un bon chocolat chaud qui sublimera le parfum des châtaignes.

Michèle Aquadro, Ferme-Auberge La Fouquette, Les Mayons

Gâteau de riz de Camargue au chocolat

Pastissarié de ris au choucoulat

Pour 4 personnes

250 g de riz de Camargue
125 g de chocolat fondant
2 œufs
50 g de sucre en poudre
1 bâton de vanille
1 demi-litre de lait
Sel

Nappage

Fondant blanc

Verser le riz dans un litre d'eau bouillante et le remuer pour éviter qu'il n'attache au fond de la casserole.
Le laisser cuire à gros bouillons pendant 2 minutes, puis l'égoutter soigneusement.
Pendant ce temps, porter à ébullition le lait avec le bâton de vanille ouvert et une pincée de sel.
Ajouter le riz égoutté, couvrir et laisser cuire à tout petit feu pendant 15 minutes.
Faire fondre le chocolat au bain-marie.
Dans un grand saladier, battre les œufs en omelette avec le sucre et dès que le riz est cuit, l'incorporer à la fourchette, puis incorporer le chocolat fondu.
Huiler légèrement un moule à charlotte, y verser la préparation et laisser refroidir au moins 3 heures, ensuite démouler sur un plat.

Chauffer le fondant au bain-marie, en napper le gâteau de riz.

Dessert à préparer la veille. Pour ajouter le plaisir de l'œil au plaisir du goût, on peut le décorer très agréablement en le parsemant de cerises confites et de morceaux d'angélique, avant que le glaçage soit pris.

Robert Bon, Bongran Rizerie du Petit Manusclat, Le Sambuc

Gâteau de semoule de riz

Flan de soumoulo de ris

7 cuillerées de semoule de riz complet de Camargue
12 morceaux de sucre
1 cuillerée à soupe de raisins secs
1 cuillerée à soupe de fruits confits
1 sachet de flan de vanille
1 l de lait

Délayer la semoule dans un quart de litre de lait froid. Porter le reste de lait à ébullition, lui ajouter la semoule délayée, le sachet de flan et 8 morceaux de sucre.
Faire cuire 5 minutes en remuant, ajouter ensuite raisins secs et fruits confits, remuer.
Faire un caramel avec 4 morceaux de sucre et le verser dans le moule.
A consommer frais.

Délicieux desserts d'enfance !

Robert Bon, Bongran Rizerie du Petit Manusclat, Le Sambuc

Gâteau yaourt aux amandes

Pastissarié emé de iaourt e d'amelo

1 pot de yaourt
2 pots et demi de farine
4 œufs
1 pot de poudre d'amandes
3 pots de sucre
1 sachet de levure
1 sachet de sucre vanillé
1 pot d'huile

Mélanger tous les ingrédients.
Faire cuire à feu doux 25 à 30 minutes.

Un jeu d'enfant !

Colette Doche, fruits secs et amandes travaillées, Cavaillon

Gelée de coings

Gelado de coudoun

Cette recette est réalisée avec les ingrédients réservés lors de la confection de la pâte de coings.

Pépins réservés
Jus réservé
1 kg de sucre en poudre par litre de jus de coings

Sucrer le jus de coing en fonction du volume recueilli. Faire cuire les pépins dans le jus de coings environ 10 minutes. Filtrer et remettre à cuire avec le sucre jusqu'à ce que la gelée prenne, elle devient rose.

Tester en mettant une goutte de gelée dans une assiette, elle doit être consistante.

Cette gelée très parfumée, permet de profiter des bienfaits anti-rhumatismaux du coing toute l'année.

Mamie Germaine, Arboricultrice Mas Louis Chaine,
Les Paluds de Noves

Glace à la lavande

Glaço à la lavando

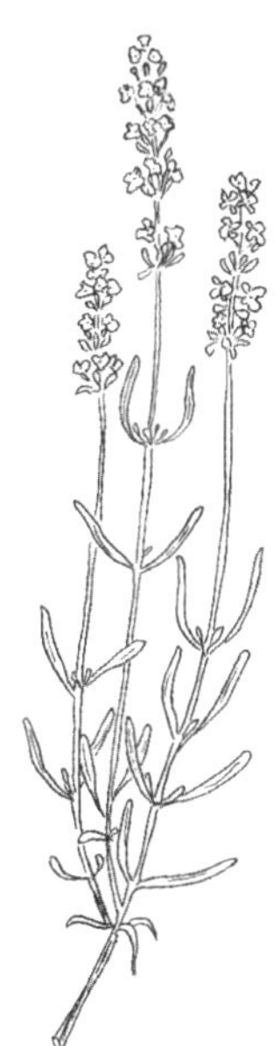

Pour 12 personnes

1 l de lait
12 à 15 g de graines de lavande
8 jaunes d'œufs
250 g de sucre de poudre

Faire bouillir le lait, ajouter les graines de lavande et laisser infuser 12 heures.
Passer le lait et le tiédir.
Battre les jaunes d'œufs avec le sucre, verser le lait tiédi, chauffer en remuant sans faire bouillir.
Réserver au froid pendant 5 à 6 heures.
Filtrer et verser dans la sorbetière.
Mettre au congélateur à moins 15 degrés.

Cette glace est appréciée pour son parfum subtil de lavande qui renforce la sensation de fraîcheur.

Mireille et Henri Goletto, Ferme-Auberge Le Bas Chalus, Forcalquier

L'île flottante

Lis ioù à la nèu

12 œufs
1 bâton de vanille
200 g de sucre en poudre
1 l de lait

Porter à ébullition le lait avec neuf cuillerées à soupe de sucre et la vanille ouverte.
Monter les blancs en neige, ajouter une cuillerée à soupe de sucre, les faire cuire dans le lait une minute de chaque côté, puis les retirer.
Ajouter 3 cuillerées à soupe de sucre aux jaunes, les faire blanchir à l'aide d'un fouet, ajouter le lait passé au chinois, mélanger à feu doux jusqu'à épaississement du mélange.
Verser la crème dans un saladier avec les blancs au-dessus.

C'est encore meilleur avec du caramel !

Maryse et Ghislaine Jean, Ferme-Auberge « L'Houmet », Monteux

Macarons aux amandes

Cacho-dènt is amelo

120 g de poudre d'amandes
2 blancs d'œufs
130 g de sucre en poudre
20 cerises confites

Mélangez la poudre d'amandes, le sucre et les blancs d'œufs battus en neige très ferme.
Faire des petits tas.
Décorez avec une demie cerise confite.
Faire cuire à four chaud 20 minutes.

Fait partie des délices de Noël !

Colette Doche, fruits secs et amandes travaillées, Cavaillon

Navettes

Li naveto

<u>Pour 30 pièces</u>

500 g de farine
3 œufs
20 g de levure de boulanger
75 g de sucre en poudre
15 g de poudre de lait
125 g de beurre
10 cl de fleur d'oranger
Sel

Mélanger la farine et le sucre, faire un puits, verser la levure délayée à l'eau tiède dans le puits.
Ajouter la poudre de lait, le sel, les œufs, le beurre, la fleur d'oranger et travailler l'ensemble jusqu'à l'obtention d'une pâte lisse et homogène. Si besoin compléter avec de la farine, la pâte ne doit pas coller aux doigts.
Laisser reposer une heure à 20°.
Pétrir la pâte pour en faire des boudins de 1,5 cm environ de diamètre.
Découper les boudins tous les 5 à 6 centimètres.
Aplatir légèrement chaque morceau et pincer les extrémités en forme de barque.
Les ranger non serrées sur une plaque beurrée et marquer le centre de chaque navette avec une spatule.
Laisser reposer à nouveau une heure sans courant d'air.
Mettre à four moyen pendant 10 minutes.

Les navettes symbolisent la barque qui conduisit les Saintes Marie en Provence.

Jean-Marie Fassy, Boulanger-Pâtissier, Maillane

Nougat blanc

Lou nougat blanc

200 g d'amandes
Feuilles de papier azyme ou « papier hostie »
3 blancs d'œufs
250 g de sucre en poudre
250 g de miel
50 g de pistaches

Monder les amandes en les trempant trois minutes dans l'eau bouillante, retirer la peau, les sécher et les faire dorer au four.
Monter les blancs d'œufs en neige très ferme et les réserver au chaud.

Préparer simultanément deux casseroles

Une casserole avec le sucre et un verre d'eau, l'autre casserole avec le miel.
Faire fondre le sucre, puis le cuire 10 minutes et à ce moment engager la cuisson du miel.
Laisser réduire encore 10 minutes tout en tournant le miel.
Le sucre doit avoir une teinte blonde et une goutte de sucre ou de miel tombant dans un verre d'eau froide doit former une boule assez ferme.
Mélanger le sucre et le miel, verser doucement ce mélange sur les blancs d'œufs en neige en tournant avec une cuillère en bois jusqu'à l'obtention d'une crème homogène.
Transvaser le tout dans une casserole et chauffer à feu doux tout en tournant lentement pendant quelques minutes.
Incorporer les amandes et les pistaches en tournant hors du feu.
Verser la pâte sur une plaque à rebords, garnie de papier azyme.
Étaler la pâte régulièrement et la recouvrir d'un papier azyme, lui superposer un objet plat pour faire poids.
Laisser refroidir une journée.

Découper les barres de nougat.

Un des treize desserts de Noël, le plus difficile à réaliser soi-même. Sa réussite réside dans la cuisson de chaque ingrédient. Plus on cuit la pâte, plus le nougat durcit.

Nougat noir

Lou nougat negre

1 kg d'amandes
1 kg de miel
Feuilles d'oublie (papier hostie ou azyme)
25 g de sucre en poudre

Monder les amandes en les trempant trois minutes dans l'eau bouillante et retirer leur peau.
Les sécher et les faire dorer au four.
Fondre le miel et le sucre, le mélange doit prendre une couleur rousse soutenue.
Incorporer les amandes mondées, touiller un instant.
Verser dans des barquettes d'aluminium garnies d'oublie sur le fond et les côtés.
Remettre une feuille d'oublie dessus et chasser l'air en pressant sur le nougat avec un fer à repasser de grand-mère ou un autre ustensile qui fasse poids.

Laisser refroidir avec le poids.

Cette recette ne demande pas beaucoup de sucre ce qui rend le nougat moins dur. Le nougat noir fait partie des treize desserts de Noël.

Mamie Germaine, Arboricultrice Mas Louis Chaine,
Les Paluds de Noves

Oreillettes

Lis auriheto

1 kg de farine
6 œufs
1 zeste de citron râpé
1 orange
3 ou 4 cuillerées à soupe de fleur d'oranger
60 g de beurre fondu
Sel

<u>Garniture</u>

Sucre en poudre

Réserver la moitié de la farine, mélanger le reste avec les œufs, le zeste de citron, le jus de l'orange et son zeste râpé, la fleur d'oranger, le beurre et le sel.
Pétrir avec les mains en ajoutant petit à petit la farine réservée.
Lorsque la pâte n'absorbe plus de farine, en faire une boule puis la laisser reposer 2 heures à température ambiante.
Étaler et découper la pâte en plusieurs rectangles, de 5 centimètres sur 10, sur un plan de travail huilé.
Les plonger dans un bain de friture.
Sucrer à volonté.

Les oreillettes sont ici une tradition de Noël, les anciens et les gourmands vous le diront : « Pas un Noël sans oreillettes ! »

Jeanine Chabran, Domaine « L'Oustau des Lecques », Vacqueyras

Pain d'épices

Pan d'espèci

Pour 8 personnes

250 g de farine
100 g d'amandes effilées
150 g de sucre brun
150 g de miel
1 cuillerée à café de cannelle
1 cuillerée à café de gingembre
1 cuillerée à café de 4 épices
1 cuillerée à soupe d'eau de fleur d'oranger
1 demi sachet de levure chimique
1 verre de lait
60 g de beurre

Chauffer légèrement le beurre et lui incorporer le miel et le sucre.
Mélanger dans un grand saladier la farine, la levure, les épices, l'eau de fleur d'oranger, le lait.
Incorporer petit à petit la pâte de beurre, bien remuer pour obtenir une pâte lisse et homogène.
La verser dans un moule tapissé de papier sulfurisé beurré des deux côtés et saupoudrer les amandes effilées.
Cuire à four moyen pendant environ une heure.

La pointe d'un couteau enfoncée dans le pain d'épices doit ressortir propre.

Du réconfort pour le petit déjeuner, le quatre-heures ou à tout moment de la journée.

Pain d'œufs au caramel

Pan d'ioù au caramèu

8 œufs
180 g de sucre pour la préparation
70 g de sucre pour le caramel
1 bâton de vanille
1 l de lait entier

Faire bouillir le lait dans une casserole en le mélangeant au sucre et à la vanille ouverte. Dans un récipient battre les œufs, puis verser dessus le lait bouilli. Mélanger et retirer la vanille. Préparer le caramel en chauffant le sucre dans une poêle (sans eau), le verser dans un moule allant au four, puis ajouter la préparation.

Mettre à four moyen au bain-marie 45 minutes.

Laurence Gimbert, Ferme-Auberge « Lou Manescau », Mazan

Pain perdu

Pan perdu

1 gros pain rassis
2 œufs
150 g de sucre en poudre
125 g de beurre
1 demi-litre de lait

Couper des tranches épaisses dans le gros pain.
Les faire tremper successivement dans le lait tiède puis les œufs battus en omelette.
Faire dorer au fur et à mesure dans une poêle, au beurre chaud mais non brûlé !

Saupoudrer de sucre en poudre et servir chaud.

Du pain pas perdu pour tout le monde, surtout pour les enfants !
Le pain est sacré en Provence, on ne le jette pas. Le pain rassis est utilisé comme dans cette recette, dans les soupes et les bouillabaisses !

Pan coudoun

Pour 4 personnes

4 coings bien mûrs, bien jaunes
100 g de sucre en poudre

Pâte à pain

400 g de farine
20 g de levure de boulanger
2 cuillerées à soupe d'huile d'olive
Sel

Préparation de la pâte à pain

Dans un saladier, mélanger la farine, la levure délayée avec un demi verre d'eau tiède, l'huile et le sel.
Bien pétrir le tout et former une boule élastique mais ferme.
Recouvrir le saladier d'un torchon et laisser lever la pâte, elle doit doubler de volume.

Préparation du pan coudoun

Repétrir la pâte et l'abaisser au rouleau, la découper en 4 parts.
Retirer le cœur des coings et les pépins par le haut des coings avec un couteau « économe ».
Blanchir les coings 10 minutes et les essuyer avec du papier absorbant, les remplir de sucre et les enrober hermétiquement de pâte à pain.

Mettre à four chaud jusqu'à ce que la pâte soit bien dorée, environ 40 minutes.

Un parfum inoubliable est enfermé dans la pâte cuite !

Mamie Germaine, Arboricultrice Mas Louis Chaine,
Les Paluds de Noves

Pâte de coings

Pasto de coudoun

2 kg de coings
1 kg à 1 kg et demi de sucre en poudre

La veille

Laver les coings, les couper en 4, enlever les pépins et les réserver.
Éplucher les morceaux, les faire blanchir dans un peu d'eau durant 10 minutes.
Les laisser égoutter une nuit.

Le jour même

Récupérer le jus et le réserver.
Mouliner les morceaux cuits.
Incorporer un kilo de sucre par kilo de pâte moulinée.

Cuire la pâte à petit feu et touiller énergiquement cette pâte consistante, jusqu'à ce qu'elle devienne rose.

Tout est bon dans le coing, les pépins et le jus réservés vont servir à la réalisation de la gelée de coings.

Mamie Germaine, Arboricultrice Mas Louis Chaine,
Les Paluds de Noves

Pêches pochées

Li pessegue embourgna

Pour 4 personnes

4 pêches
1 citron
100 g de sucre en poudre

Pocher les pêches 3 à 4 minutes dans l'eau bouillante.
Les passer à l'eau froide et les peler.
Les couper en deux et retirer le noyau.
Disposer deux oreillons de pêche par coupe individuelle.

Arroser d'un filet de citron et les saupoudrer de sucre.

C'est un péché de ne pas manger de pêche en été...

Poire au vin et aux épices

Pero au vin e is espèci

Pour 6 personnes

6 poires
200 g de sucre
2 à 3 sachets de sucre vanillé
1 bonne pincée de cannelle
4 clous de girofles
2 cuillerées à soupe de miel
2 cuillerées à soupe de sirop de fruits rouges
1 litre de vin rouge
1 petite pincée de poivre

Dans une casserole, mélanger le sucre blanc, le sucre vanillé et le vin, ajouter les poires et faire bouillir.
Laisser cuire une demi-heure, retirer les poires et laisser mijoter encore trois quarts d'heure avec la cannelle, les clous de girofles et le poivre.
A la fin de la cuisson, ajouter le miel et le sirop.
Servir les poires tièdes dans le jus.

Délicieux accompagné de glace à la cannelle.

Edith Henry, Domaine de la Tuilerie, Violes

Pralines

Li perlino

300 g d'amandes
300 g de sucre semoule

Versez les amandes et le sucre dans 30 centilitres d'eau, de préférence dans une bassine à confiture.
Portez à ébullition jusqu'à l'évaporation totale de l'eau.
Remuez avec une cuillère en bois pour enrober les amandes.
Videz dans un plat pour refroidir.

A croquer tiède ou froid.

Colette Doche, fruits secs et amandes travaillées, Cavaillon

Pruneaux au riz de Camargue

Prunèu au ris de Camargo

500 g de beaux pruneaux
250 g de riz de Camargue
150 g de sucre en poudre
1 demi verre de caramel
1 zeste d'orange
1 zeste de citron
Cannelle

Faire tremper les pruneaux, lorsqu'ils ont gonflé, les chauffer légèrement avec les zestes et de la cannelle râpée.
Faire cuire le riz à l'eau avec le sucre et le zeste d'orange, puis l'égoutter.
Verser le riz dans un plat à four creux tapissé de caramel, alterner successivement une couche de riz, une couche de pruneaux et terminer par une couche de riz, saupoudrer de sucre.
Mettre 15 minutes à four moyen.

Riz et pruneaux, le bon équilibre pour la digestion.

Robert Bon, Bongran Rizerie du Petit Manusclat, Le Sambuc

Pompe à l'huile d'olive

Poumpo à l' òli d' óulivo

500 g de farine type 45 gruau
200 g de sucre en poudre
25 g de levure de boulanger
125 g d'huile d'olive
Sel

Mélanger la farine, le sucre, le sel, et la levure délayée dans un verre d'eau tiède.
Pétrir la pâte en incorporant l'huile en plusieurs fois, la pâte doit être souple.
Faire des boules de 250 grammes ou 80 grammes au choix.
Les aplatir et faire des entailles.
Cuire à four chaud environ 10 minutes suivant la grosseur des boules, surveiller la coloration.

Passer de l'huile sur les pompes à la sortie du four avec un pinceau.

Pour « les sucrés » saupoudrer de sucre semoule avant cuisson. La pompe à l'huile fait partie des treize desserts de Noël.

Henri Schaeffer, Pâtissier Les délices de Daudet, Fontvieille

Salade de fraises de Carpentras

Salado de frago carpentrassenco

Pour 4 personnes

2 kg de fraises de Carpentras
1 citron ou 1 orange
Sucre en poudre

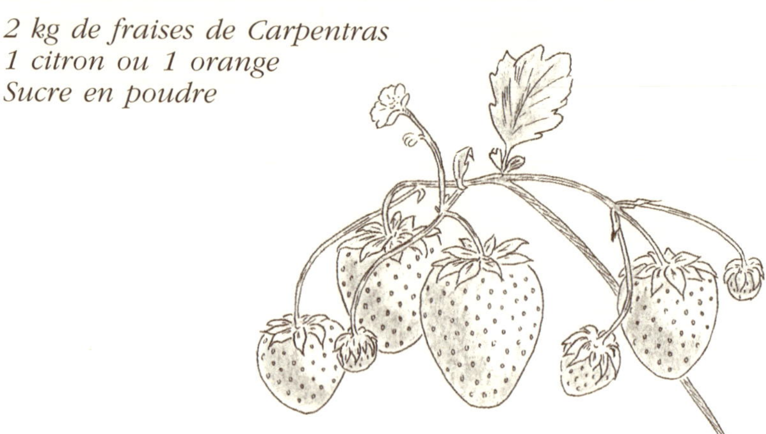

Passer rapidement les fraises sous un filet d'eau. Les équeuter puis les couper en 2 si elles sont trop grosses. Arroser du jus de citron ou d'orange. Sucrer légèrement.

Mettre au frais et consommer.

Profitez de la saison des fraises pour combattre très agréablement la fatigue et le stress.

Geneviève Alberto, Maraîchère Les Barrades,
Pernes-les-Fontaines

Le Soleil de Provence

Lou soulèu de Prouvenço

Pour 8 personnes

450 g de farine
6 cuillerées à soupe de sucre
6 cuillerées à soupe d'huile d'olive
1 paquet de levure
1 pincée de sel
Lait

Garniture : *1 jaune œuf*

Mélanger les ingrédients dans un saladier, les lier avec du lait. Sur une plaque, étaler la pâte sur un bon centimètre d'épaisseur en formant un rond.

Au centre dessiner une double croix.

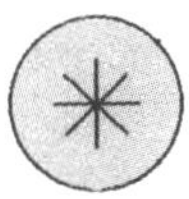

L'inciser et rabattre les pointes du centre sur la pâte pour obtenir les 8 grands rayons du soleil.

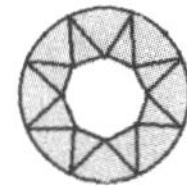

Entre chacun de ces rayons, dessiner un petit rayon.

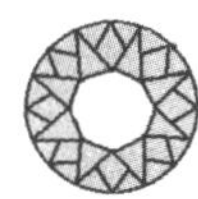

Inciser la pointe de chaque grand rayon jusqu'à mi-longueur et rabattre la pâte sur les petits rayons.

Dorer avec le jaune d'œuf et mettre à four chaud 20 minutes.

Galets de la Crau

Code craven

Même recette que le soleil, rouler la pâte en boudins de 2 centimètres d'épaisseur, puis les couper tous les 3 centimètres pour former des galets.

Ces galets sont à croquer dès refroidissement, mais vous pouvez attendre un à plusieurs jours en fonction du croquant recherché. Ces recettes se font toute l'année nature ou en ajoutant un parfum : Fleur d'oranger ou anis ou cannelle et 4 épices...

Sorbet de fraises

Sourbet i frago

1 kg de fraises
500 g de sucre glace
1 citron

Passer rapidement les fraises sous l'eau et les équeuter. Mixer les fraises, le sucre et le jus de citron filtré.

Mettre au congélateur.

Geneviève Alberto, Maraîchère Les Barrades,
Pernes-les-Fontaines

Soupe de fraises à la menthe

Soupo de frago à la mento

Pour 4 personnes

500 g de fraises pour le coulis
300 g de fraises pour la garniture
1 branche de menthe fraîche
Quelques gouttes d'alcool de menthe

Passer rapidement les fraises sous l'eau et les équeuter. Mixer les fraises prévues pour le coulis avec l'alcool de menthe et verser le mixage dans les assiettes.
Répartir sur le coulis les fraises restantes en les coupant en deux si elles sont trop grosses.

Décorer de feuilles de menthe.

Petits et grands demandent et redemandent de cette soupe colorée !

Geneviève Alberto, Maraîchère Les Barrades,
Pernes-les-Fontaines

Soupe de melon au muscat

Soupo de meloun au muscat

Pour 4 personnes

400 g de chair de melon
25 cl de muscat Beaumes-de-Venise
1 gousse de vanille
1 bâton de cannelle
1 cuillerée à soupe de miel

Faire frémir le muscat sur feu doux avec la cannelle et la gousse de vanille ouverte.
Hors du feu, ajouter la cuillerée de miel.
Laisser refroidir.
Mixer le melon, mélanger à la préparation.

Servir frais avec une boule de glace à la vanille.

Le mariage du melon et du muscat, un mariage gourmand réussi !

Anne-Marie Invernizzi, Ferme Chemin Madeleine,
L'Isle-sur-la-Sorgue

Tarte au melon

Tarto au meloun

Pâte brisée
1 melon de Cavaillon
4 œufs
1 petit pot de crème fraîche
200 g de pignons
Sucre en poudre
1 noix de beurre
1 sachet de sucre vanillé
100 g d'amandes effilées

Éplucher, vider et couper le melon en dés, peser la pulpe de melon et réserver la quantité de sucre égale à la moitié du poids de pulpe.
Faire cuire la pulpe de melon avec un peu de beurre, le sucre en poudre, le sucre vanillé jusqu'à presque coloration.
Laisser refroidir, puis ajouter les œufs battus en omelette, la crème fraîche, les pignons.
Étaler la pâte brisée dans un moule, verser la crème de melon, la saupoudrer d'amandes effilées.
Faire cuire à feu moyen pendant environ 35 minutes.

Une autre façon gourmande de bénéficier des bienfaits du melon !

Marcelle Monnier, Ferme-Auberge La barque aux romarins, Orange

Tarte aux abricots

Tarto is ambricot

1 kg d'abricots
1 jaune d'œuf
100 g de poudre d'amandes
60 g de sucre
50 g de beurre

<u>pâte brisée</u>

200 g de farine
1 œuf
100 g de margarine
1 pointe d'une cuillerée de levure chimique.

Faire une pâte brisée élastique avec les ingrédients et de l'eau.
Faire une crème avec la poudre d'amandes, le sucre, le jaune d'œuf et le beurre ramolli.
Étaler la pâte brisée, la napper de cette crème puis disposer dessus les oreillons d'abricots.
Mettre la tarte à four chaud pendant 20 minutes environ.
Saupoudrer de sucre.

Du soleil dans votre tarte !

Christian Richeda, Ferme-Auberge Le Vieux Pressoir, Aubagne

Tarte aux blettes

Tarto i bledo

Pour 6 personnes

Pâte brisée
1 botte de blettes
3 œufs
12 cl de crème liquide
12 cl de lait frais
50 g de sucre
Beurre
1 cuillerée à soupe de miel
(plus ou moins en fonction du sucré recherché)
Pignons

Faire griller les pignons, chemiser le moule avec la pâte, réserver au frais.
Couper les verts de blette en lanières, les faire légèrement revenir dans le beurre.
Mélanger dans un saladier les œufs, la crème, le lait, le sucre, le miel, les verts de blette et les pignons.
Cuire à four moyen pendant 40 minutes.
Servir froid ou tiède.

Redécouvrez la blette avec cette spécialité de Provence, et ne perdez rien en préparant les côtes de blettes au gratin avec des tomates.

Thierry Berne, Maison Sainte-Victoire,
Saint-Antonin-sur-Bayon

Tarte aux figues fraîches

Tarto i figo fresco

<u>Pour 6 personnes</u>

1 kg de figues fraîches
250 g de farine
130 g de beurre
2 œufs
2 sachets de sucre vanillé
1 cuillerée à soupe bombée
de gelée de groseille
15 cl de crème fraîche
Sel

Préparer la pâte avec la farine, le sel et le beurre ramolli. Travailler rapidement du bout des doigts en ajoutant 5 à 6 centilitres d'eau, rouler la pâte en boule et laisser reposer 1 heure.
Étaler la pâte sur un moule, le mettre à four chaud et cuire à blanc 15 minutes.
Couper les figues en 4, puis ranger les dans le moule, peau sur la pâte.
Dans une terrine, battre les œufs en omelette, ajouter la gelée, le sucre et la crème. Fouetter longuement, puis verser sur les figues.
Remettre au four 18 à 20 minutes.
Démouler tiède et servir tiède ou froid.

Cette tarte pulpeuse est un régal !

Jacqueline Honoré, Les Figuières du Mas de Luquet,
Graveson-en-Provence

Tarte aux fraises

Tarto i frago

Pâte sablée ou brisée
500 g de fraises
3 œufs
40 cl de lait
Sucre vanille
Sucre en poudre

Foncer la pâte dans un plat à tarte.
Dans un saladier, battre les œufs en omelette, ajouter le lait, le sucre vanille et le sucre en poudre.
Mélanger le tout et verser sur la pâte.
Mettre à four chaud environ 25 minutes, sortir du four.
Disposez les fraises et laisser refroidir.

Une tarte classique dont on ne se lasse pas !

Geneviève Alberto, Maraîchère Les Barrades,
Pernes-les-Fontaines

Tarte aux fraises à la mascarpone

Tarto i frago au « mascarpone »

1 fond de tarte en pâte sablée déjà cuit (10 minutes)
500 g de fraises
3 cuillerées à soupe de gelée de framboise
250 g de mascarpone
2 cuillerées à soupe de sucre en poudre
Sucre glace
2 jaunes d'œufs

Dans un saladier, battez les jaunes d'œufs avec le sucre en poudre, ajoutez la mascarpone.
Étalez cette crème sur la tarte.
Placez la tarte au réfrigérateur au moins 30 minutes pour que la crème durcisse.
Tiédir la gelée de framboise en l'étendant avec une cuillerée à café d'eau.
Disposer les fraises et napper avec la gelée de framboises.
Saupoudrer de sucre glace en pluie sur la tarte.

Le mariage réussi des saveurs de fraises et de framboises avec une touche transalpine.

Geneviève Alberto, Maraîchère Les Barrades,
Pernes-les-Fontaines

Tarte aux poires

Tarto i pero

Pour 4 personnes

1 fond de tarte en pâte brisée
2 poires
4 jaunes d'œufs
125 g de poudre d'amandes
70 g de sucre en poudre
1 tablette de chocolat noir pâtissier
2 cuillerées à soupe de crème fraîche
1 demi verre de lait

Faire fondre le chocolat avec la crème.
Verser le contenu encore chaud sur le fond de tarte.
Délayer dans un saladier les jaunes avec la poudre d'amandes, le sucre et le lait. Remuer bien, puis napper le chocolat avec cette frangipane.
Couper les demies poires en lamelles sans les tailler jusqu'au bout et les disposer en éventails sur la frangipane.
Mettre à four chaud environ 20 minutes.

Poire et chocolat, une alliance délicieuse.
(Entre nous, il est peut-être bon de prévoir deux tartes...)

Christian Richeda, Ferme-Auberge Le Vieux Pressoir, Aubagne

Tarte au potiron

Tarto à la coucourdo

Pâte brisée
300 g de pulpe de potiron cuite et égouttée
4 œufs
100 g de sucre
25 cl de lait
3 cuillerées à soupe de fleur d'oranger

Couper le potiron en gros cubes et le faire cuire environ 15 minutes à l'eau bouillante, l'égoutter.

Dans un moule à tarte, cuire à blanc la pâte brisée pendant 10 minutes.

Mixer le potiron, le mélanger avec le lait, les œufs, le sucre et la fleur d'oranger.

Verser le mélange sur la pâte.

Cuire à four moyen pendant 30 minutes.

Étonner vos invités avec ce dessert tendre, velouté et parfumé.

Tarte Tatin

Tarto Tatin

Pâte brisée
6 pommes
250 g de sucre semoule
120 g de beurre

Dans une casserole, faire un caramel en chauffant la moitié de sucre avec un peu d'eau.
Verser le caramel dans un moule à tarte, saupoudrer de sucre et parsemer de petits morceaux de beurre.
Découper les pommes en gros quartiers et les disposer dans le moule.
Saupoudrer avec le reste de sucre.
Recouvrir les pommes avec la pâte brisée en entrant l'excédent de pâte dans le moule.
Mettre à feu moyen pendant 45 minutes, la pâte doit être dorée.
Sortir la tarte du four, la couvrir d'un plat à tarte et retourner vivement le tout.

Déguster chaud ou froid.

Une étourderie des sœurs Tatin pour le plus grand plaisir des gourmands et le bonheur de la Provence, premier producteur de pommes de France.

Traditionnel gâteau des rois

Lou reiaume

Pour 6 à 8 personnes

500 g de pâte briochée (voir recette brioche provençale)
500 g de fruits confits
100 g de confiture d'abricots tiède
2 jaunes d'œufs
Sucre en gros grains

Former une boule très lisse avec la pâte briochée, faire un trou au centre avec l'index et l'élargir petit à petit afin de former une couronne.
Aplatir les bords à l'aide d'un rouleau puis disposer les fruits confits coupés en morceaux.
Rabattre les bords et les souder à l'aide du jaune d'œuf, passer au pinceau.
Afin de faire « monter » votre gâteau l'enfourner durant 10 minutes sur four au plus doux.
Le sortir et le laisser reposer 1 heure.
Puis le dorer au jaune d'œuf avec un pinceau et le faire cuire durant 20 minutes à four chaud.
Laisser refroidir puis passer au pinceau la confiture d'abricots tiède et disposer le sucre à gros grain.

Décorer abondamment de fruits confits.

Et n'oubliez pas de mettre la fève, une vraie !

Alain Bouchard, pâtissier, Apt

Treize desserts de Noël

Li trege dessèr

Pâtisserie

Pompe à l'huile ou fougasse **Primordiale !**
Nougat blanc
Nougat noir
Calissons ou pâtes de coing ou fruits confits ou confiture
Oreillettes ou beignets ou gaufres ou tarte

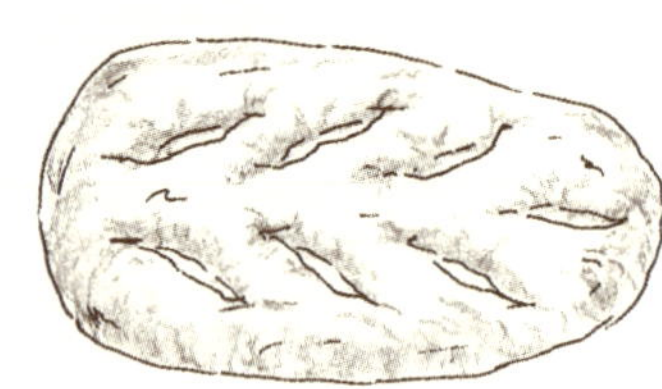

Quatre fruits secs dits mendiants en mémoire des ordres religieux mendiants
- *Amandes*
- *Figues sèches ou dates qui symbolisent l'orient*
- *Noix ou noisettes*
- *Raisins secs*

Quatre fruits frais
- *Oranges (rondes et colorées comme le soleil)*
- *Pommes rouges (le fruit des origines)*
- *Melon vert ou grenade*
- *Poires*

Chaque pâtisserie peut être confectionnée « maison », voir les recettes correspondantes.

Les treize desserts symbolisent le Christ et ses douze apôtres, ils sont indispensables sur la table de Noël ainsi que le blé en herbe mis à germer à la sainte Barbe !

Les treize desserts sont simples mais abondants.

Joyeux Noël !

Cerises à l'eau de vie

Cerieso à l'aigo-ardènt

Pour 1 bocal d'un litre

Cerises
1 tasse de sucre en poudre
1 tasse d'eau de vie
Rayons de soleil

Couper les queues de cerises à un centimètre.
Remplir le bocal de cerises en le tapotant pour tasser les cerises.
Les couvrir de sucre et d'eau de vie.
Laisser macérer dans le bocal fermé pendant un mois au soleil.
Remuer de temps en temps.

Prolongez le temps des cerises en les servant dans des salades de fruits, des glaces ou en digestif !

Laurence Gimbert, Ferme-Auberge « Lou Manescau », Mazan

Eau de coing

Coudounat

5 kg de coings bien jaunes et bien mûrs
1 litre d'eau de vie
1 kg 250 de sucre en poudre

Pressez les coings pour en extraire le jus. Vous pouvez le faire vous-même si vous êtes outillé d'une centrifugeuse, ou le faire extraire par un fabricant de jus frais.

Préparer le sirop en portant le sucre à ébullition dans un demi-litre d'eau, le laisser refroidir.
Filtrer le jus de coing et lui incorporer le sirop.
Cuire pendant 2 minutes.
Laisser macérer avec l'eau de vie au moins 2 jours.

Se l'estouma poudié parla demandarié de coudounat.

Si l'estomac pouvait parler, il demanderait de l'eau de coing.

Mamie Germaine, Arboricultrice Mas Chaine,
Les Paluds de Noves

Eau de sauge

Aigo de saùvi

1 litre d'eau de vie
1 branche de sauge bien garnie
1 kg de sucre en poudre

Faire infuser la sauge dans l'eau de vie pendant 1 semaine.
Préparer le sirop en portant le sucre à ébullition dans un quart de litre d'eau jusqu'à l'état du lissé :
Le sirop forme un filament de 2 à 3 centimètres en le levant à la cuillère en bois.
Filtrer l'eau de vie et la mélanger au sirop.
Mettre en bouteilles.

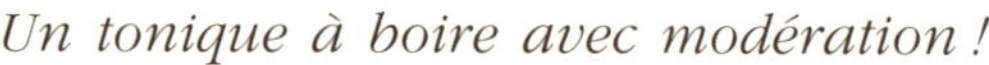

Un tonique à boire avec modération !

Guignolet

3 litres de rosé fruité (Côtes du Rhône 13°)
Un litre de Kirsch
Un litre de sirop de grenadine

Mélanger, c'est prêt !

Ce Guignolet Maison fera revenir plus d'un invité !

Jeanine Chabran, Domaine « L'Oustau des Lecques », Vacqueyras

Liqueur de fenêtre

Liquour de fenèstro

Noyaux de fruits (abricots, pèches...)
Eau de vie à 45°
1 kg de sucre pour 1 litre d'eau de vie

Quand arrive le jour joyeux des confitures, commencer par mettre de coté les noyaux des fruits.
Ensuite voici la recette :
Casser environ 10 % des noyaux à l'aide d'un marteau.
Mettre les noyaux entiers et cassés dans un bocal, ajouter l'eau de vie à fleur des noyaux, puis laisser le bocal fermé pendant 8 jours à l'ombre, sous l'escalier par exemple.
Après ce temps, sucrer, réajuster si besoin avec de l'eau (douce bien sûr), filtrer, verser dans des carafes ou bouteilles transparentes, boucher.

Laisser macérer 40 jours sur le bord d'une fenêtre au soleil en les rentrant tous les soirs, on dit qu'on les promène.

Essayez au début avec de petites quantités, et n'oubliez pas de rentrer les carafes la nuit.

Anne Daguin et Hermann Van Beeck, Fabricants de douceurs
Le Petit Duc, Saint-Rémy-de-Provence

Pastis Maison

Pastis de l'oustau

Pour 1 litre de Pastis

1 l d'eau de vie
30 g d'étoiles d'anis ou badiane
(en épicerie plantes diététiques)
10 g d'anis vert
1 bâtonnet de réglisse
1 bâton de cannelle
200 g de sucre en poudre (facultatif)

Laisser macérer les ingrédients sans le sucre dans une bouteille fermée, le temps d'un carême (40 jours), puis filtrer son contenu.
Les amateurs de sucré peuvent l'adoucir en lui ajoutant un sirop : Amener à ébullition un verre d'eau et le sucre en poudre, lorsque le sirop forme un filet de 1 à 2 centimètres en le prélevant avec une cuillère, arrêter le feu, le laisser refroidir et l'ajouter au pastis.

Lors de la macération, vous pouvez aussi l'aromatiser en ajoutant quelques plantes (thym, romarin, sarriette, sauge...).

Pour un bon Pastis, versez l'eau en premier (toujours !) ensuite 6 à 8 fois moins de pastis que d'eau, plus il y a d'eau plus les arômes sont sublimés, buvez, fermez les yeux et écoutez bien, on dirait...

Et comme dit papy Albert, « Se sènt bèn lis erbo de Prouvènço, mai es pas tisano ! Mèfi, n'en begués pas trop ! »

Ratafia de raisins

Ratafiat de rasin

Grappes de gros raisins blancs bien mûrs

<u>Pour 1 l de jus de raisin</u>

1 l d'eau de vie
400 g de sucre en poudre
1 bâton de cannelle
1 clou de girofle

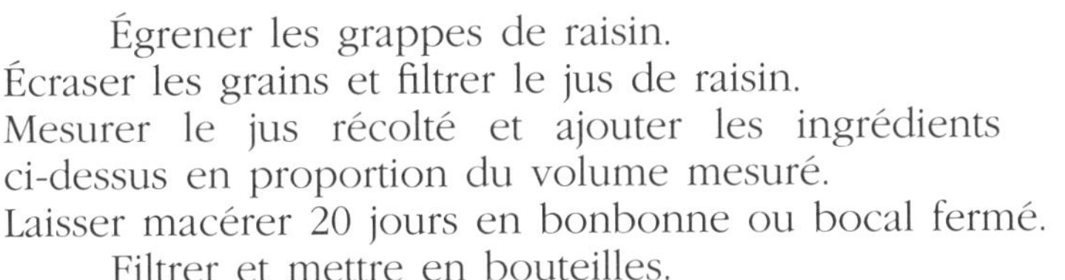

Égrener les grappes de raisin.
Écraser les grains et filtrer le jus de raisin.
Mesurer le jus récolté et ajouter les ingrédients ci-dessus en proportion du volume mesuré.
Laisser macérer 20 jours en bonbonne ou bocal fermé.
Filtrer et mettre en bouteilles.

De nos cousins romains : « Rata fiat » que le marché soit conclu ! Toujours avec modération bien sûr.

Le Rituel d'été

Lou rituau d'estiéu

Fruits (pèches, fraises...)
Vin

Mettre quelques morceaux de fruits dans son verre où il reste un fond de vin (ou plus), avec un peu de sucre si on le désire.
On laisse son verre sur la table (chercher le rayon de soleil), on participe à la vaisselle.
Quand la cuisine est propre, le dessert est prêt.

A boire et à picorer !

Anne Daguin et Hermann Van Beeck, Fabricants de douceurs
Le Petit Duc, Saint-Rémy-de-Provence

Vin de noix

Vin de nose

25 noix vertes avec écorce
10 l de vin blanc ou rosé
1,5 litres d'eau de vie
2 kg de sucre en poudre
2 bâtons de vanille
1 bâton de cannelle
Écorce d'orange

Couper les noix en 4, mélanger le vin et l'eau de vie. Ajouter les bâtons de vanille ouverts, la cannelle et l'écorce d'orange.
Laisser macérer au moins un mois.
Filtrer, ajouter le sucre.

Colorer éventuellement avec du caramel.

A faire impérativement le 24 juin à la Saint Jean, avec des gants pour éviter les taches de brou de noix !
« A Sant Jan, la nose à la man »

Mamie Germaine, Arboricultrice Mas Chaine,
Les Paluds de Noves

Vin de pêches

Vin de pessegue

4 poignées de feuilles de pêcher
4 litres de rosé de Provence
3 quarts de litre d'eau de vie
800 g de sucre en poudre
1 bâton de vanille

Choisir de belles feuilles sans rouille et sans produits de traitement.
Mettre dans une bonbonne les feuilles de pêcher, l'eau de vie, le bâton de vanille ouvert.
Laisser macérer 2 mois dans la bonbonne fermée.
Ajouter le vin et le sucre dans la bonbonne, reboucher, secouer et laisser reposer encore une semaine.

Filtrer, mettre en bouteilles et les boucher.

Vin d'oranges amères

Vin d'arange amar

5 l de bon rosé
1 l d'eau de vie à 45°
4 oranges amères non traitées
1 orange douce non traitée
1 citron non traité
1 kg de sucre fin
1 bâton de vanille

Dans une bonbonne à large goulot, versez le vin et l'eau de vie, puis le sucre, et remuez avec une grande cuillère en bois. Coupez les fruits en gros quartiers, fendez la vanille en deux. Faites macérer le tout pendant 40 jours en remuant tous les jours.

Au bout de ce temps, filtrez, et mettez en bouteilles.

Un grand classique de la Provence côtière à boire détendu !

Francine et Paul Lanteri, Maraîchers Le Père Eternel, Hyères

Carnet d'adresses

Élevage de caprins, volailles et ventes directes

Élevages caprins Association

MANOSQUE

Association Les Élevages
d'Alpes Provence
Maison Régionale de l'Élevage
Route de la Durance
04100 Manosque
Tél. : 04.92.87.47.55 – Fax : 04.92.72.73.13
e-mail : frecapvincent@wanadoo.fr

Élevage de caprins et vente de fromages fermiers

SIVERGUES

Ingrid et Gianni LADU
Ferme Le Castellas
84400 Sivergues
Tél. : 04.90.74.60.89 – Fax : 04.90.74.60.89

Claudine MALBOSC
Mas Doutreleau
13310 Saint-Martin-de-Crau
Tél. : 04.90.47.08.95 – Fax : 04.90.47.05.04
e-mail : trolo@infonie.fr

Élevage et vente de pigeons

SARRIANS

Brigitte CELERIN
Le colombier du Comtat
84260 Sarrians
Tél. : 04.90.65.56.23

Élevage traditionnel et vente de volailles

MAZAN

Catherine et Christian STEMMER
Élevage du Rouret,
679, chemin du Rouret
84380 Mazan
Tél. : 04.90.69.84.84 – Fax : 04.90.69.84.84

Restauration et chambres

Auberges

Auberge de la TUILERIE
Edith HENRY - 84150 Violes
Tél. : 04.90.70.92.89

VIOLES

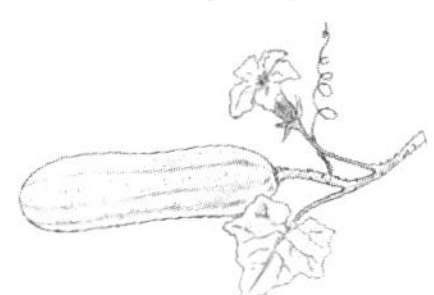

Auberge de NOVES
Domaine du Deves - 13550 Noves
Tél. : 04.90.24.28.28 – Fax : 04.90.24.28.00
e-mail : noves@relaischâteaux.fr

NOVES

Fermes auberges

Michèle AQUADRO
La Fouquette
83340 Les Mayons
Tél. : 04.94.60.00.69 – Fax : 04.94.60.02.91

LES MAYONS

Josette BOSSY
Ferme Gasquet - 84240 Grambois
Tél. : 04.90.77.91.44

GRAMBOIS

Robert CHASSILLAN
Les Esfourniaux
84400 Lagarde d'Apt
Tél. : 04.90.75.01.04 – Fax : 04.90.75.01.04

LAGARDE-d'APT

Laurence et Claude GIMBERT
« Lou Manescau »
761, La Venue de Carpentras
84380 Mazan
Tél. : 04.90.69.80.95 – Fax : 04.90.69.80.95

MAZAN

Fermes auberges (suite)

Mireille et Henri GOLETTO
Le Bas Chalus - Route de Niozelle
04300 Forcalquier
Tél. : 04.92.75.05.67 - Fax : 04.92.75.39.20
e-mail : amis@wanadoo.fr

FORCALQUIER

Maryse et Ghislaine JEAN
L'Houmet
1544, route de Velleron
84170 Monteux
Tél. : 04.90.66.76.35 - Fax : 04.90.66.37.72

MONTEUX

Ingrid et Gianni LADU
Le Castellas
84400 Sivergues
Tél. : 04.90.74.60.89 - Fax : 04.90.74.60.89

SIVERGUES

Claude Marcelle et Valérie MONNIER
La Barque aux Romarins
Quartier Bois Feuillet
84100 Orange
Tél. : 04.90.34.55.96 - Fax : 04.90.34.55.96

ORANGE

Josette MORARD
La Grange de Papé
Route d'Aubignan - 84330 Caromb
Tél. : 04.90.62.53.89 - Fax : 04.90.62.53.89

CAROMB

Ferme auberge et vente de volaille

Christian RICHEDA
Le Vieux Pressoir
Saint-Pierre-les-Aubagne
13400 Aubagne
Tél. : 04.42.04.04.30 - Fax : 04.42.04.04.30

AUBAGNE

Ferme avec Chambres d'hôtes et gîtes

Jeanine CHABRAN
Domaine « L'Oustau des Lecques »
84190 Vacqueras
Tél. : 04.90.65.84.51 – Fax : 04.90.84.81.19

VACQUEYRAS

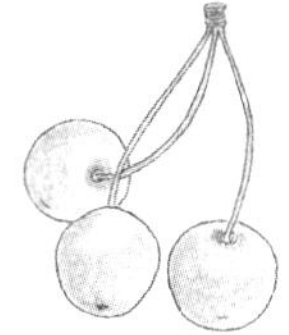

Mireille GRANGIER
« Le Mas de Mireio »
2739, route des Vignères
84250 Le Thor
Tél. : 04.90.33.83.64

LE THOR

Manades

Annie LAURENT
Manade – Mas Les Marquises
13129 Salin-de-Giraud
Tél. : 04.42.86.81.46 – Fax : 04.42.86.86.12
Site : www.manadelaurent.com

SALIN-DE-GIRAUD

Françoise et André PEYTAVIN
Manade Salierène – Saliers
13123 Albaron
Tél. : 04.66.87.45.57 – Fax : 04.66.87.27.12

ALBARON

Restaurants

Hôtellerie de l'Abbaye
de Saint-Michel-de-Frigolet
13150 Tarascon
Tél. : 04.90.90.52.70 – Fax : 04.90.95.75.22
e-mail : abbayedefrigolet@frigolet.com
Site : www.frigolet.com

TARASCON

Erick VEDEL
Maître Cuisinier Provençal
30, rue Pierre Euzeby – 13200 Arles
Tél. : 04.90.49.69.20 – Fax : 04.90.49.69.20
e-mail : Actvedel@wanadoo.fr
Site : www.cuisineprovencale.com

ARLES

Restaurants (suite)

SAINT-RÉMY-DE-PROVENCE

Nadine et Tjebbe ZIJLSTRA
La Gousse d'Ail
25, rue Carnot
13210 Saint-Rémy-de-Provence
Tél. : 04.90.92.16.87 – Fax : 04.90.92.14.58

Point de détente, café, solarium, découverte...

SAINT-ANTONIN-SUR-BAYON

Maison Sainte-Victoire
D17 – Pied Montagne Sainte-Victoire
13100 Saint-Antonin-sur-Bayon
Tél. : 04.42.66.84.40
e-mail : maisonsaintevictoire@free.fr

Tables et chambres d'hôtes

BRIANÇON

Luce et Marcel EMERIAUD
La Maison du Sarret
12, Rochas Garnier
Puy Saint-Pierre – 05100 Briançon
Tél. : 04.92.21.08.85 – Fax : 04.92.21.08.85
e-mail : marceme@club-internet.fr

MALAUCÈNE

Véronique ASTRUC-MARIN
Le Dégoutaud
84340 Malaucène
Tél. : 04.90.62.99.29 – Fax : 04.90.62.99.29

LES BAUX-DE-PROVENCE

Jacqueline ROUX
Le Mas de l'Esparou
Route de Saint-Rémy-de-Provence
13520 Les Baux de Provence
Tél. : 04.90.54.41.32 – Fax : 04.90.54.41.32

Producteurs et vente directe

Arboriculture fruitière, coing, pommes, poires...

PALUDS-DE-NOVES

Mas Louis CHAINE
Petite route de Verquières
13550 Paluds de Noves
Tél. : 04.90.95.05.66

Arboriculture fruitière, figues, confitures, compotes et nectars

GRAVESON-EN-PROVENCE

Jacqueline HONORÉ
Les Figuières du Mas de Luquet
13690 Graveson-en-Provence
Tél. : 04.90.95.72.03 – Fax : 04.90.95.76.23
e-mail : infos@lesfiguieres.com
site : www.lesfiguieres.com

Fruits secs et amandes travaillées

CAVAILLON

Colette DOCHE
Route de Gordes N 1544
Les Fayardes
84300 Cavaillon
Tél. : 04.90.71.26.64

Maraîchage, arboriculture fruitière, cannes de Provence

HYÈRES

Francine et Paul LANTERI
Le Père Éternel
726, chemin du Moulin Premier
83400 Hyères
Tél. : 04.94.65.75.55 – Fax : 04.94.65.75.55

Maraîchage asperges et cerises, raisins

MAZAN

Laurence et Claude GIMBERT
« Lou Manescau »
761, La Venue de Carpentras
84380 Mazan
Tél. : 04.90.69.80.95 – Fax 04.90.69.80.95

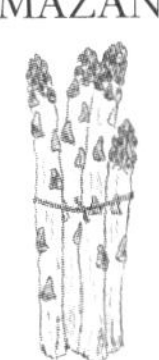

Maraîchage et cultures de montagne

VITROLLES-EN-LUBERON

Yvette MARINO
Campagne Le Chapitre
84240 Vitrolles-en-Luberon
Tél. : 04.90.77.66.97

SAINT-MARTIN-DE-LA-BRASQUE

Yvette MARINO
Marché paysan dimanches
Juillet et Août

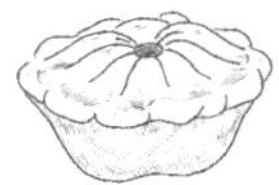

Maraîchage, haricots, salades...

Sylviane et René ROUSSEL
Route d'Ayragues
13690 Graveson-en-Provence
Tél. : 04.90.95.78.18

GRAVESON-EN-PROVENCE

Maraîchage melons, poivrons, légumes d'été

Anne-Marie INVERNIZZI
Ferme Chemin Madeleine
84800 L'Isle-sur-la-Sorgue
Tél. : 04.90.38.09.29

L'ISLE-SUR-LA-SORGUE

Maraîchage et œufs biologiques

Geneviève ALBERTO
517, Les Barrades
84210 Pernes-les-Fontaines
Tél. : 04.90.66.44.29

PERNES-LES-FONTAINES

Moulin à Huile Vallée des Baux

Jean-Baptiste QUENIN
Moulin du Mas des Barres
13520 Maussane-les-Alpilles
Tél. : 04.90.54.44.32 – Fax : 04.90.54.56.99

MAUSSANE-LES-ALPILLES

Lou Mestre dou Moulin
Christian ROSSI
Moulin Saint-Michel
cours Paul Revoil
13890 Mouriès
Tél. : 04.90.47.50.40 – Fax : 04.90.47.58.72
e-mail : contact@moulinsaintmichel.com
Site : www.moulinsaintmichel.com

MOURIES

Ostréiculture

Salins Aquaculture
Étang de la Comète
13460 Saintes-Maries-de-la-Mer

SAINTES-MARIES-DE-LA-MER

Salins Aquaculture
Service des pêches
route d'Aigues-Mortes
30240 Le Grau du Roi
Tél. : 04.66.51.46.76 – Fax : 04.66.53.45.50
e-mail : fderamel@salins.com
Site : www.salins.com

LE GRAU DU ROI

Pisciculture

RIBAS
Pisciculture des Sources du Gapeau
2180, route du Gapeau
83870 Signes
Tél. : 04.94.90.88.39 – Fax : 04.94.90.89.27

SIGNES

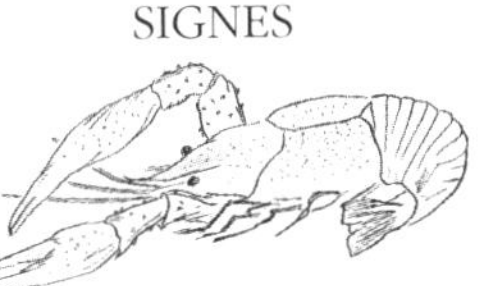

Producteur de Petit épeautre

Bernard BONNEFOY
Quartier Le Seigneur
Pied du Mont-Ventoux
84390 Sault
Tél. : 04.90.64.01.92 – Fax : 04.90.64.01.92

SAULT

Producteur de Safran

René BURLE
Domaine du Payanet
Centre découverte et nature
04800 Saint-Martin-de-Bromes
Tél. : 04.92.78.07.45 – Fax : 04.92.77.60.26
e-mail : payanet@libertysurf.fr

SAINT-MARTIN-DE-BROMES

Riziculture

Robert BON
Bongran Rizerie du Petit Manusclat
Le Sambuc - 13200 Arles
Tél. : 04.90.97.20.29 – Fax : 04.90.97.21.84
e-mail : bongran@wanadoo.fr

ARLES

Viticulture

Jeanine CHABRAN
Domaine « L'Oustau des Lecques »
84190 Vacqueyras
Tél. : 04.90.65.84.51 – Fax : 04.90.84.81.19

VACQUEYRAS

Gérard et Xavier HENRY
Domaine de la Tuilerie
84150 Violes
Tél. : 04.90.70.92.89

VIOLES

Sylviane et Bernard PRADIER
Château d'Hugues
Route de Sérignan
84100 Uchaux
Tél. : 04.90.70.06.27 – Fax : 04.90.70.10.28

UCHAUX

Métiers de l'art Pâtisserie, Poissonnerie, Triperie

Pâtisserie

Alain BOUCHARD
34, rue des Marchands
84400 Apt
Tél. : 04.90.04.84.71 – Fax : 04.90.04.69.06

APT

Pâtisserie (suite)

SAINT-REMY-DE-PROVENCE

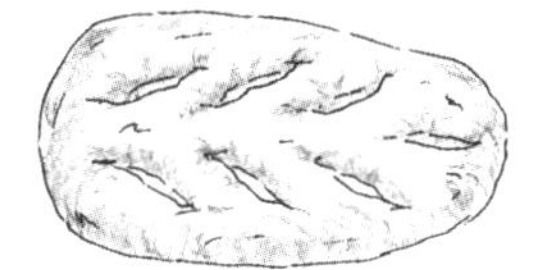

Fabricants de douceurs
Anne DAGUIN &
Hermann VAN BEECK
Le Petit Duc
7, boulevard Victor-Hugo
13210 Saint-Rémy-de-Provence
Tél. : 04.90.90.52.70 – Fax : 04.90.95.75.22
e-mail : ducpetit@club.internet.fr
site : www.petit-duc.com

MAILLANE

Jean-Marie FASSY
Boulangerie-Patisserie
4, cours Jeanne d'Arc
13910 Maillane
Tél. : 04.90.95.74.01 – Fax : 04.90.95.79.35

FONTVIEILLE

Henri SCHAEFFER
Les Délices de Daudet
2, route Neuve
13990 Fontvieille
Tél. : 04.90.54.67.84 – Fax : 04.90.54.65.85

Poissonnerie

MARSEILLE

Marcel RICHARTE
Saint-Giniez
5, avenue de Mazargues
13008 Marseille
Tél. : 04.91.22.08.73 - 06.10.05.62.03

MARTIGUES

Vincent RICO
28, rue Jean-Martin
Jonquière – 13500 Martigues
Tél. : 04.42.81.15.43

Poisonnerie (suite)

Geneviève VILLIARD
Poissonnerie ARMAND
13, avenue de la République
13460 Saintes-Maries-de-la-Mer
Tél. : 04.90.97.84.13

SAINTES-MARIES-DE-LA-MER

Triperie

Pierre FILIPPI
19, rue Chauvelin
13005 Marseille
Tél. : 04.91.78.65.15

MARSEILLE

Valorisation du patrimoine

Cours de cuisine Provençale

ACT
École de cuisine Provençale
et Méditerranéenne
30, rue Pierre-Euzeby
13200 Arles
Tél. : 04.90.49.69.20 – Fax : 04.90.49.69.20
e-mail : Actvedel@wanadoo.fr
site : www.cuisineprovencale.com

ARLES

Cours de pâtisserie Provençale

Jean-Marie FASSY
Provence Prestige
4, cours Jeanne d'Arc
13910 Maillane
Tél. : 04.90.95.74.01 – Fax : 04.90.95.79.35

MAILLANE

Cultures de pois chiches et village médiéval de Rougiers

Association « Il était une fois Rougiers »
Hôtel de ville
83170 Rougiers
Tél. : 04.94.80.40.10 – Fax : 04.94.80.49.79

ROUGIERS

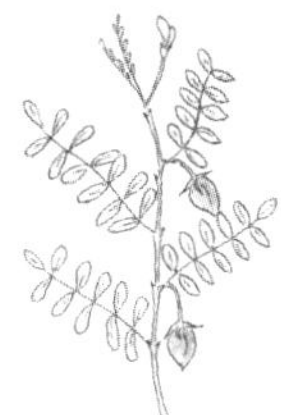

Cultures du riz de Camargue

Musée du riz de CAMARGUE
Le Sambuc
13200 Arles
Tél. : 04.90.97.20.29 – Fax : 04.90.97.21.84
e-mail : bongran@wanadoo.fr

ARLES

Foyer culturel provençal
escolo felibrenco « La Clapouiro »

Mirèio BAREME
Mestresso d'obro doù Felibrige
Maîtresse d'œuvre du Félibrige
86, rue des Manadiers,
13310 Saint-Martin-de-Crau
Tél. : 04.90.47.19.72

SAINT-MARTIN-DE-CRAU

Un grand merci à tous

Index des recettes